村庄整治技术手册

村内道路

住房和城乡建设部村镇建设司　组织编写
叶齐茂　主编

中国建筑工业出版社

图书在版编目(CIP)数据

村内道路/叶齐茂主编.—北京：中国建筑工业出版社，2009

（村庄整治技术手册）

ISBN 978-7-112-11652-2

Ⅰ.村… Ⅱ.叶… Ⅲ.农村道路—公路规划—手册 Ⅳ.U412.1-62

中国版本图书馆CIP数据核字(2009)第219614号

村庄整治技术手册

村 内 道 路

住房和城乡建设部村镇建设司　组织编写

叶齐茂　主编

*

中国建筑工业出版社出版、发行（北京西郊百万庄）

各地新华书店、建筑书店经销

北京天成排版公司制版

北京云浩印刷有限责任公司印刷

*

开本：880×1230毫米　1/32　印张：5¼　字数：160千字

2010年3月第一版　2014年8月第二次印刷

定价：**16.00**元

ISBN 978-7-112-11652-2

(18906)

版权所有　翻印必究

如有印装质量问题，可寄本社退换

（邮政编码　100037）

本书为村庄整治技术手册之一。全书共分为 6 章 52 个技术问题。村庄内部道路主要解释了村庄内部道路的规划布局的技术问题；村庄内部道路的路基、村庄内部道路的路面、村庄内部道路的其他部分；分别解释了道路的路基、路面和其他附属设施的整治技术问题。本书特别把村庄道路交通安全问题作为一章提出来，以引起读者的重视。最后，本书简要地解释了村庄内部桥梁的整治技术问题。本书可供村镇基层管理人员和农村建设技术人员参考。

* * *

责任编辑：刘　江
责任设计：赵明霞
责任校对：陈　波　赵　颖

《村庄整治技术手册》组委会名单

主　任：仇保兴　住房和城乡建设部副部长
委　员：李兵弟　住房和城乡建设部村镇建设司司长
　　　　赵　晖　住房和城乡建设部村镇建设司副司长
　　　　陈宜明　住房和城乡建设部建筑节能与科技司司长
　　　　王志宏　住房和城乡建设部标准定额司司长
　　　　王素卿　住房和城乡建设部建筑市场监管司司长
　　　　张敬合　山东农业大学副校长、研究员
　　　　曾少华　住房和城乡建设部标准定额所所长
　　　　杨　榕　住房和城乡建设部科技发展促进中心主任
　　　　梁小青　住房和城乡建设部住宅产业化促进中心副主任

《村庄整治技术手册》
编委会名单

主　编： 李兵弟　住房和城乡建设部村镇建设司司长、教授级高级城市规划师

副主编： 赵　晖　住房和城乡建设部村镇建设司副司长、博士
　　　　　徐学东　山东农业大学村镇建设工程技术研究中心主任、教授

委　员：（按姓氏笔画排）

　　　　　卫　琳　住房和城乡建设部村镇建设司村镇规划（综合）处副处长
　　　　　马东辉　北京工业大学北京城市与工程安全减灾中心研究员
　　　　　牛大刚　住房和城乡建设部村镇建设司农房建设管理处
　　　　　方　明　中国建筑设计研究院城镇规划设计研究院院长
　　　　　王旭东　住房和城乡建设部村镇建设司小城镇与村庄建设指导处副处长
　　　　　王俊起　中国疾病预防控制中心教授
　　　　　叶齐茂　中国农业大学教授
　　　　　白正盛　住房和城乡建设部村镇建设司农房建设管理处处长
　　　　　朴永吉　山东农业大学教授
　　　　　米庆华　山东农业大学科学技术处处长
　　　　　刘俊新　住房和城乡建设部农村污水处理北方中心研究员
　　　　　张可文　《施工技术》杂志社社长兼主编
　　　　　肖建庄　同济大学教授
　　　　　赵志军　北京市市政工程设计研究总院高级工程师

郝芳洲	中国农村能源行业协会研究员
徐海云	中国城市建设研究院总工程师、研究员
顾宇新	住房和城乡建设部村镇建设司村镇规划(综合)处处长
倪　琪	浙江大学风景园林规划设计研究中心副主任
凌　霄	广东省城乡规划设计研究院高级工程师
戴震青	亚太建设科技信息研究院总工程师

序

当前,我国经济社会发展已进入城镇化发展和社会主义新农村建设双轮驱动的新阶段,中国特色城镇化的有序推进离不开城市和农村经济社会的健康协调发展。大力推进社会主义新农村建设,实现农村经济、社会、环境的协调发展,不仅经济要发展,而且要求大力推进生态环境改善、基础设施建设、公共设施配置等社会事业的发展。村庄整治是建设社会主义新农村的核心内容之一,是立足现实、缩小城乡差距、促进农村全面发展的必由之路,是惠及农村千家万户的德政工程。它不仅改善了农村人居生态环境,而且改变了农民的生产生活,为农村经济社会的全面发展提供了基础条件。

在地方推进村庄整治的实践中,也出现了一些问题,比如乡村规划编制和实施较为滞后,用地布局不尽合理;农村规划建设管理较为薄弱,技术人员的专业知识不足、管理水平较低;不少集镇、村庄内交通路、联系道建设不规范,给水排水和生活垃圾处理还没有得到很好解决;农村环境趋于恶化的态势日趋明显,村庄工业污染与生活污染交织,村庄住区和周边农业面临污染逐年加重;部分农民自建住房盲目追求高大、美观、气派,往往忽略房屋本身的功能设计和保温、隔热、节能性能,存在大而不当、使用不便,适应性差等问题。

本着将村庄整治工作做得更加深入、细致和扎实,本着让农民得到实惠的想法,村镇建设司组织编写了这套《村庄整治技术手册》,从解决群众最迫切、最直接、最关心的实际问题入手,目的是为广大农民和基层工作者提供一套全面、可用的村庄整治实用技术,推广各地先进经验,推行生态、环保、安全、节约理念。我认为这是一项非常及时和有意义的事情。但尤其需要指出的是,村庄整治工作的开展,更离不开农民群众、地方各级政府和建设主管部门以及社会各界的共同努力。村庄整治的目的是为农民办实事、办好事，我希望这套丛书能解决农村一线的工作人员、技术人员、农民参与村庄整治的技术需求，能对农民朋友们和广大的基层工作者建设美好家园和改变家乡面貌有所裨益。

仇保兴

2009 年 12 月

前　言

《村庄整治技术手册》是讲解《村庄整治技术规范》主要内容的配套丛书。按照村庄整治的要求和内涵，突出"治旧为主，建新为辅"的主题，以现有设施的改造与生态化提升技术为主，吸收各地成功经验和做法，反映村庄整治中适用实用技术工法(做法)。重点介绍各种成熟、实用、可推广的技术(在全国或区域内)，是一套具有小、快、灵特点的实用技术性丛书。

《村庄整治技术手册》由住房和城乡建设部村镇建设司和山东农业大学共同组织编写。丛书共分13分册。其中，《村庄整治规划编制》由山东农大组织编写，《安全与防灾减灾》由北京工业大学组织编写，《给水设施与水质处理》由北京市市政工程设计研究总院组织编写，《排水设施与污水处理》由住房城乡建设部农村污水处理北方中心组织编写，《村镇生活垃圾处理》由中国城市建设研究院组织编写，《农村户厕改造》由中国疾病预防控制中心组织编写，《村内道路》由中国农业大学组织编写，《坑塘河道改造》由广东省城乡规划设计研究院组织编写，《农村住宅改造》由同济大学组织编写，《家庭节能与新型能源应用》由亚太建设科技信息研究院组织编写，《公共环境整治》由中国建筑设计研究院城镇规划设计研究院组织编写，《村庄绿化》由浙江大学组织编写，《村庄整治工作管理》由山东农业大学组织编写。在整个丛书的编写过程中，山东农业大学在组织、协调和撰写等方面付出了大量的辛勤劳动。

本手册面向基层从事村庄整治工作的各类人员，读者对象主要包括村镇干部，村庄整治规划、设计、施工、维护人员以及参与村庄整治的普通农民。

村庄整治技术涉及面广，手册的内容及编排格式不一定能满足所有读者的要求，对书中出现的问题，恳请广大读者批评指正。另外，村庄整治技术发展迅速，一套手册难以包罗万象，读者朋友对在村庄整治工作中遇到的问题，可及时与山东农业大学村镇建设工程技术研究中心（电话 0538-8249908，E-mail：zgczjs@126.com）联系，编委会将尽力组织相关专家予以解决。

编委会

2009 年 12 月

本书前言

为了推进农村改革发展，明显改善农村人居和生态环境，我们需要落实《村庄整治技术规范》，提高村庄整治技术水平，完成促进社会和谐，完善农村社会管理，促进社会公平正义，保证农民安居乐业的主要任务。为此，在住房和城乡建设部村镇建设司的指导下，配合《村庄整治技术规范》的宣传、贯彻和落实，编辑了这本《村内道路》，它是《村庄整治技术手册》的一个分册。

村庄整治是一个系统的建设工程，其中包括村庄内部道路的整治。

《村庄整治技术规范》是"村庄整治"的技术标准。它对今后一段时期内规范村庄整治工作，提高村庄整治技术水平，加强村庄整治技术管理，保障农民基本的生产生活条件和居住环境质量有着重要作用。

按照《村庄整治技术规范》的基本精神，我们应当在村庄内部道路整治上，坚持以"治旧"为核心，以农民自主为前提，充分利用村庄的现有道路基础、现有道路条件，将村庄内部道路的改善与符合国家规定的相关技术要求相结合，逐步改善村庄内部道路。

《村内道路》正是对《村庄整治技术规范》中有关村庄道路的技术内容的一个详尽解释，其目的是为了让农民朋友了解更多有关村庄内部道路整治的技术问题，使农民朋友更容易直接参与村庄内部道路的整治。同时，也希望解决农村一线的工作人员、技术人员、农民参与村庄整治工作的技术需求。

这样，我们把村内道路的技术问题分解为6章52个技术问题。"村庄内部道路"主要解释了村庄内部道路的规划布局的技术问题。然后，我们分别解释了"村庄内部道路的路基"、"村庄内部道路的路面"、"村庄内部道路的其他部分"。我们特别把村庄道路交通安全问题作为一章提出来,以引起读者的重视。最后,我们简要地解释了村庄内部桥梁的整治技术问题。

当然,这里是我们对村庄整治技术规范的一种理解,希望通过符合或不符合规范的案例,说明如何对村庄内部道路实施科学的整治,如何通过村庄内部道路的整治,改变农民朋友的出行条件、提高村内道路的安全性,改善农民朋友的人居和生态环境。

目　录

1　村庄内部道路 ………………………………………………… 1
1.1　村庄内部道路的功能与结构 …………………………… 2
道路-1　内部道路系统的功能划分 …………………………… 2
道路-2　道路一般功能划分 …………………………………… 3
1.1.1　村庄内部主要道路 ……………………………………… 5
道路-3　主要道路设计 ………………………………………… 5
1.1.2　村庄内部次要道路 ……………………………………… 8
道路-4　次要道路设计 ………………………………………… 8
1.1.3　村庄内部宅间道路 ……………………………………… 12
道路-5　宅间道路设计 ………………………………………… 12
1.1.4　景观休闲道路 …………………………………………… 14
1.2　村庄内部道路的规划布局 ………………………………… 15
道路-6　道路规划布局设计 …………………………………… 15
1.2.1　村庄内部道路体系 ……………………………………… 16
1.2.2　村庄内部道路节点 ……………………………………… 18
道路-7　道路节点设计 ………………………………………… 18
1.2.3　村庄内部道路退红 ……………………………………… 21
道路-8　道路退红设计 ………………………………………… 21
1.2.4　村庄内部道路横断面 …………………………………… 25
道路-9　道路横断面设计 ……………………………………… 25

2　村庄内部道路的路基 ………………………………………… 29
2.1　村庄内部道路的路基 ……………………………………… 31
道路-10　道路路基设计 ………………………………………… 31
道路-11　道路路基施工 ………………………………………… 36
2.1.1　路基修复 ………………………………………………… 37
道路-12　路基修复技术 ………………………………………… 37

2.1.2　路基修复施工 …………………………………………… 41
　　　道路-13　路基修复施工技术 ………………………………… 41
　　　2.1.3　路基的维护 ……………………………………………… 42
　　　道路-14　路基维护技术 ……………………………………… 42
　2.2　村庄内部道路路基的附属构筑物 …………………………… 43
　　　2.2.1　路基排水系统修筑 ……………………………………… 43
　　　道路-15　路基排水系统修筑技术 …………………………… 43
　　　2.2.2　边坡 ……………………………………………………… 50
　　　道路-16　路基边坡整治技术 ………………………………… 50
　　　2.2.3　挡土墙 …………………………………………………… 54
　　　道路-17　挡土墙修筑技术 …………………………………… 54

3　村庄内部道路的路面 ……………………………………………… 57
　　　道路-18　路面修复技术 ……………………………………… 57
　3.1　主要道路路面 …………………………………………………… 60
　　　3.1.1　水泥混凝土路面整治 …………………………………… 60
　　　道路-19　测定水泥混凝土路面损坏程度技术 ……………… 61
　　　道路-20　修补面层技术 ……………………………………… 62
　　　道路-21　加铺层技术 ………………………………………… 64
　　　3.1.2　沥青路面的整治 ………………………………………… 65
　　　道路-22　沥青铺装路面整治技术 …………………………… 65
　　　道路-23　沥青铺装路面施工监控技术 ……………………… 68
　　　3.1.3　块石或碎(砾)石路面的修筑 …………………………… 68
　　　道路-24　块石或碎(砾)石铺装技术 ………………………… 70
　　　道路-25　浆砌和干砌技术 …………………………………… 70
　　　道路-26　碎石铺筑技术 ……………………………………… 72
　3.2　次要道路路面 …………………………………………………… 73
　　　3.2.1　砖路面 …………………………………………………… 75
　　　道路-27　砖路面铺筑技术 …………………………………… 75
　　　3.2.2　水泥混凝土块路面 ……………………………………… 78
　　　道路-28　预制水泥混凝土块路面铺筑技术 ………………… 78
　　　道路-29　现浇水泥混凝土块路面铺筑技术 ………………… 79
　　　3.2.3　拼合铺装路面和路缘及道牙 …………………………… 80
　　　道路-30　拼合路面铺筑技术 ………………………………… 80

           道路-31　铺设路缘及道牙技术 …………………………… 82
　3.3　宅间道路路面 ……………………………………………… 83
　　　3.3.1　石料路面 …………………………………………… 84
           道路-32　石料路面铺筑技术 ……………………………… 84
　　　3.3.2　砂石和草皮路面 …………………………………… 88
           道路-33　砂石路面铺筑技术 ……………………………… 88
           道路-34　草皮路面铺筑技术 ……………………………… 89
　　　3.3.3　改造土质路面 ……………………………………… 90
           道路-35　土质路面改造技术 ……………………………… 90

4　村庄内部道路其他部分 ………………………………………… 92
　4.1　人行道 ……………………………………………………… 93
　　　4.1.1　人行道宽度 ………………………………………… 94
　　　4.1.2　人行道铺装 ………………………………………… 94
           道路-36　人行道修筑技术 ………………………………… 94
　　　4.1.3　纵横坡和设施 ……………………………………… 96
           道路-37　纵横坡和设施修筑技术 ………………………… 96
　4.2　道路照明 …………………………………………………… 97
　　　4.2.1　道路照明设计 ……………………………………… 98
           道路-38　道路照明设计 …………………………………… 98
　　　4.2.2　道路照明改善 ……………………………………… 100
           道路-39　道路照明改善技术 ……………………………… 100
　　　4.2.3　太阳能路灯 ………………………………………… 102
　4.3　村庄内部道路的生态恢复与建设 ………………………… 103
           道路-40　道路生态系统修复技术 ………………………… 103
　　　4.3.1　道路绿化选种 ……………………………………… 104
           道路-41　道路绿化选种技术 ……………………………… 104
　　　4.3.2　道路横断面绿化布局 ……………………………… 107
           道路-42　道路横断面绿化布局 …………………………… 107
           道路-43　阻断的生态食物链修复技术 …………………… 109
　　　4.3.3　道路绿化种植 ……………………………………… 110

5　道路交通安全设计与设施 ……………………………………… 112
　5.1　道路节点交通安全设计 …………………………………… 115
　　　5.1.1　道路节点的交通组织 ……………………………… 116

　　　　道路-44　道路节点交通安全设计技术 …………………… 116
　　　5.1.2　道路节点的交通设施 ………………………………… 118
　　　　道路-45　改善交通节点的安全设施的技术 ………………… 118
　　　5.1.3　一般交通设施 ………………………………………… 121
　5.2　道路沿线交通安全设计 ……………………………………… 123
　　　5.2.1　路侧和路面安全设计 ………………………………… 123
　　　　道路-46　路侧和路面安全设计 ……………………………… 123
　　　　道路-47　路面防滑技术 ……………………………………… 125
　　　5.2.2　宅院和小巷出入口 …………………………………… 127
　　　　道路-48　消除交通盲点技术 ………………………………… 127
　　　5.2.3　公共场所出入口 ……………………………………… 128

6　村庄内部桥梁 ………………………………………………… 131
　6.1　村庄内部桥梁的结构和修缮 …………………………………… 132
　　　6.1.1　村庄内部桥梁的结构 ………………………………… 132
　　　　道路-49　村庄内部桥梁损坏测定 …………………………… 132
　　　6.1.2　村庄内部桥梁的加固 ………………………………… 137
　　　　道路-50　村庄内部桥梁加固技术 …………………………… 137
　6.2　村庄内部桥梁的维修养护 ……………………………………… 141
　　　6.2.1　村庄内部桥梁的检查评估 …………………………… 141
　　　　道路-51　村庄内部桥梁技术状况评价 ……………………… 141
　　　6.2.2　村庄内部桥梁的维修养护 …………………………… 144
　　　　道路-52　村庄内部桥梁的维修养护技术 …………………… 144

附录　技术列表 …………………………………………………… 148

参考文献 …………………………………………………………… 151

1 村庄内部道路

村庄内部道路是指村庄居民点内部供行人及各种运输工具通行的道路。它在功能上有别于连接城市、乡村和工矿基地的公路。公路主要供汽车行驶并具备一定技术标准和设施，而村庄居民点内部的道路同时供村民步行和各类车辆使用。村庄内部道路的建设技术标准低于公路。

近几年以来，我们在村庄调查中发现村庄内部道路整治和建设存在如下问题：

（1）村庄内部道路性质不明确，缺乏依照功能分类安排路网的观念，在村庄规划建设中多采取方格式"X 纵 Y 横"的城市型路网结构；

（2）沿着村庄外部公路线状开发，建设住宅和开展商业服务，以致增加了公路的步行功能，把公路改变成为村庄内部道路，因此造成了诸多严重交通隐患；

（3）过度注意村庄内部道路的车行功能，而没有留意村庄内部道路的人行功能；

（4）在村庄整治中，一味追求"宽马路"，"直马路"，村庄内部道路水泥化面积超出实际交通需要；

（5）在村庄整治中，村庄内部道路地面过度硬化，而地基夯实不够；

（6）忽视了村庄内部道路横断面设计；

（7）没有综合考虑村庄内部道路交叉口设计；

（8）道路绿化缺乏草灌乔相结合的种植方式。

这些问题的出现主要是没有坚持村庄居民点内部道路的设计应当适合于它的功能的原则，既有模仿城市道路形态的基本倾向，也有忽视道路建设对生态环境和乡土特色的负面影响。

道路不等于车辆交通。好的道路系统规划不仅是关于供交通通行使用的道路,还包括步行道、自行车道、道路节点和与之相关的公共场所。所以,我们需要在乡村整治中转变对村庄内部道路的认识。

1.1 村庄内部道路的功能与结构

道路-1 内部道路系统的功能划分

适用地区: 行政村和中心村。

定义和目的:

(1) 对住宅间用于通行的所有空间按其在村庄中的功能所做的等级划分。

(2) 在村庄内部道路桥梁及交通安全设施整治中,应根据整治对象所在地域及特点,确定村庄各类道路的使用功能,满足村庄的自然、地理、环境、道路条件的实际情况,为村庄整治奠定基础。

标准: 依据村庄整治技术规范的规定,村庄内部道路按其使用功能划分为三个层次,即主要道路、次要道路、宅间道路。

(1) 主要道路是村庄内各条道路与村庄入口连接起来的道路,以车辆交通功能为主;同时兼顾步行、服务和村民人际交流的功能。(图 1-1)

(2) 次要道路是村内各区域与主要道路的连接道路,在担当交通集散功能的同时,承担步行、服务和村民人际交流的功能。(图 1-2)

(3) 宅间道路是村民宅前屋后与次要道路的连接道路,以步行、服务和村民人际交流功能为主。(图 1-3)

图 1-1 村庄内部主要道路

图1-2 村庄内部次要道路

图1-3 村庄内部宅间道路

(4) 中小型自然村不建设主要道路和次要道路，只建设宅间道路；

(5) 中型行政村只建设次要道路和宅间道路；

(6) 只有中心村应该建设主要道路、次要道路、宅间道路（见表1-1）；

村庄内部道路系统组成　　　　　表1-1

村庄层次	村庄规模分级	道路等级		
		主要道路	次要道路	宅间道路
中心村	大型	○	○	○
	中型	○	○	○
	小型	△	○	○
行政村	大型	○	○	○
	中型	△	○	○
	小型	—	△	○
自然村	大型	△	△	○
	中型	—	—	○
	小型			○

注：表中○为应设道路，△为可设道路。

(7) 村庄内部道路用地面积约占全部建设用地面积的7%～15%左右，其中主要道路占50%，次要道路和住宅间道路占50%。

道路-2　道路一般功能划分

适用地区：行政村、中心村和自然村。

定义和目的:

(1) 对村庄内部任何一条用于通行的空间所做的功能划分。

(2) 明确村庄内部道路不等于硬化的路面,除宅间道路可能因为空间有限,几乎没有道路退红部分外,村庄内部道路还包括路肩、边沟和道路退红。

技术要求:

(1) 路面满足道路的通行畅通的需要;

(2) 路肩和边沟满足保护道路路面的需要;

(3) 满足在建筑物和路面间形成一个安全缓冲区的需要。

标准与做法:

路肩(图1-4)用来:

(1) 保护路基;

(2) 种植树木和花草;

(3) 铺装成为人行道。

边沟(图1-5)用来:

(1) 排放雨水;

(2) 保护路基;

(3) 采用封闭式或开敞式。

道路退红(图1-6)用来

图1-4 路肩

图1-5 边沟

图1-6 道路退红

(1) 布置重要公共工程设施;

(2) 村庄内部主要道路和次要道路的交叉口一般设置交通安全标志;

(3) 布置了各类供电和通信设施；
(4) 设置消防栓；
(5) 修筑街头小园林。

除开满足路肩、边沟和道路退红各自的技术性功能需要外，它们都可以成为村庄公共环境建设的首选场所。

1.1.1 村庄内部主要道路

道路-3 主要道路设计

适用地区：行政村和中心村。

定义和目的：

(1) 对村庄内部主要道路空间规模和布局所做的安排；
(2) 通过科学的设计，保证村庄内部主要道路能够承担其村庄的全部通行功能，并与其他道路构成一个协调的道路系统；
(3) 在道路建设中节约土地、建筑材料；
(4) 把对生态环境的影响减至最小。

村庄内部主要道路：
(1) 路面宽度约 5m，2 车道；
(2) 路肩宽度约 0.75m；
(3) 单边人行道宽度约 1.25m；
(4) 主要道路红线宽度约在 1:3；
(5) 设置 7m 退红，分设在道路两边或一边。

图 1-7 主要道路

技术特点与适用情况 1：

村庄内部主要道路和乡村公路最明显的差别之一就是它们各自的规模，即宽度和设置。

(1) 在平原和丘陵地区，村庄内部主要道路的交通通行要比乡村公路复杂得多，不仅有汽车，还有自行车和行人。
(2) 把村庄内部主要道路，包括铺装路面以及路肩和分离的人行道，扩宽到7m以内比较合理。

（3）这里村庄内部主要道路的合理宽度是，提供一条停车带，并使一般通行车辆和紧急车辆的行进不致受阻。

（4）7m宽度并非指7m的路面宽度，而是包括铺装路面以及路肩和分离的人行道在内的宽度。

（5）在平原和丘陵地区，乡村公路的铺装宽度大体在7m以上，其交通容量足够每天通行千辆汽车。但是，许多这类道路缺少路肩、自行车道或适当的人行道。随着道路交通量的增加，特别是学生骑车或步行上学，存在严重交通隐患。当然，各在3m之间的两车道非常适合于乡村公路的交通量，一般中等车速在50km/小时。一般的小汽车或小型货车的宽度大约只有2m，甚至货车和公共汽车的宽度也很少超过2m。

（6）村庄内部主要道路的整体宽度大体等于乡村公路，但是，道路整体宽度的分割不同，即减少铺装路面的宽度，增加路肩和人行道的设置。

标准：

（1）路面宽度约5m，2车道；

（2）路肩宽度约0.75m；

（3）单边人行道宽度约1.25m。

注意事项：

（1）大部分村庄内部主要道路的功能只是供村民使用。但是，有些地区把村庄内部主要道路的铺装宽度为9~10m以上，而实际上仅为20~30家人服务（图1-8）。这样宽度的主要道路对于日常通行交通量实在是多余。如果每家平均产生10次出行的话，36户人家仅产生360次车辆出行。把这个流量均摊到16小时上，这意味着每3分钟才有一辆车在道路上。即使有两辆汽车同时行进

图1-8 一条过宽的村庄内部主要道路

在同一路段上,其宽度有5~6m就足够了。

(2) 在条件许可的情况下,村庄内部主要道路要留出与道路铺装宽度相当的退红,既保证安全,减少对居民的噪声影响,也便于铺设公共工程设施和绿化美化村庄。假定村庄内部主要道路的整体宽度为7m,在此之外还有7m的退红,分设在道路两边或一边。

(3) 不要忽视村庄内部主要道路弯道降低车速的功能。

(4) 把建设乡村公路的标准用于建设村庄内部主要道路,不仅使车辆在村庄内部可以按照公路速度行驶,而且按照消除掉所有弯道的公路设计标准,车辆在村庄里行进到拐弯处时,因为弯道半径比较大,驾驶人几乎不需要踩刹车就可以轻而易举地过去。

(5) 车辆在村庄内部没有必须减速的技术障碍。

(6) 从公众安全的角度讲,在设计村庄内部主要道路弯道时,采用40m弯道半径,就可以把车辆在转弯处的速度限制在40km/小时之内,以次类推。

技术特点与适用情况2:

理想的村庄内部主要道路具有如下规划布局特征:

(1) 主要道路在村中环状绕行,而非贯穿性的直路,这样可以避免村庄的带状布局,形成组团式紧凑型的布局形式;

(2) 环状主要道路可以避免过境车辆的穿行,避免往返迂回,并适于消防车、救护车、商店货车和垃圾车等的通行;

(3) 主要道路退红宽度,即住宅高度与道路宽度加上退红之比,约在1:3,不仅给人以乡村开放性的感觉,也提高沿街住宅的安全性,减少噪声干扰;

(4) 主要道路平坦,方便行车;

(5) 通过弯道设计,控制车速;

(6) 有人行道和各式各样的道路安全设施;

(7) 主要道路路标清晰,不致迷路;下雨不用担心,路牙边就有排水暗沟;天黑了,路灯就亮了,直到天亮时才会熄灭;

(8) 主要道路人行道旁建筑物和树木花草把私人地产与公共地产划分开来,又留下了邻里间相互关照的可能(图1-9)。

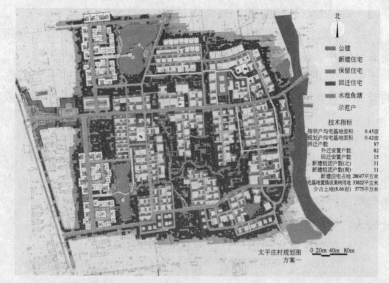

图1-9 主要道路规划示意图

注意事项：

（1）山区村庄居民点多数是建设在坡度15°以下较为平坦的地方，只是每个组团规模相对狭小而已，尽管山区和平原丘陵地区农村居民点的道路的确因地形存在一些差异。

（2）山区村庄主要道路的建设问题主要还是没有采用组团式布局及其道路安排，一味带状发展或蔓延式展开。

（3）控制山区村庄居民点主要道路的建设长度，可以有效抑制山区村庄居民点的蔓延态势，减少公共工程设施的投入和维护。

1.1.2 村庄内部次要道路

道路-4 次要道路设计

适用地区： 中心村和行政村。

定义和目的：

- 对村庄内部次要道路空间规模和布局所做的安排。
- 通过科学的设计，保证村庄内部次要道路能够承担起村庄街坊间的通行功能，并与主要道路和宅间道路一起构成一

- 个协调的道路系统。
- 又在道路建设中节约土地、建筑材料和把对生态环境的影响减至最小。

> **村庄内部次要道路：**
> - 路面宽度约 3m，1 车道；
> - 路肩和植树宽度约 1m；
> - 单边人行道宽度约 1m；
> - 铺装路面的宽度减少到 3m，增加路肩和人行道的设置，一般不需要道路退红。

图 1-10 次要道路

技术特点 1：

- 村庄内部次要道路实际上是一种街坊道路。它上接村庄主要道路，下连宅间道路。
- 从村庄消防栓最大服务半径 150m 的安全设计要求，街坊最大宽度和长度都不宜超出 75m，即一个街坊大约只能有 5600m^2。
- 按照人均 100m^2 的宅基地使用标准，一个街坊大约有 18~20 家住户，围绕这个街坊形成一条村庄内部次要道路。
- 村庄内部主要道路和次要道路的差别主要在行车速度。
- 降低村庄内部次要道路行车速度的理由是，村庄内部次要道路的功能是交通集散和满足步行、服务和村民人际交流的需要。
- 降低车辆在村庄内部次要道路上行车速度的一种方式是，建设人行道，减少车辆行驶路面的铺装宽度。
- 降低车辆在村庄内部次要道路上行车速度的另一种方式是，保持原有传统村庄内部次要道路中的弯道部分，不要刻意取直或加大弯道半径，要求车辆在刹车减速的条件下才可以通过为宜。实际上，如果行车速度在 20km 范围内的话，弯道半径仅为 20m 即可，最低半径不能小于 12m。

注意事项：

- 较宽的铺装路面可能鼓励较高的车速。实际上，除开较宽的铺装路面外，采用乡村公路建设标准建设村庄内部道路还可能产生另外一个危险状况，那就是在村庄居民区内部缺少提供给步行者使用的道路部分。
- 没有人行道，老人步行会缺乏安全感。村民感到他们好像是挤到街道到的，那里本来没有他们的位置。
- 没有人行道，房子就是住宅。如果人行道把这些房子都联系起来，它们就多出了超出其本身的意义而成为一个街坊（图1-11）。
- 如果把一条宽阔的道路减少1.5m，而把用来铺装道路的材料用于建设2～3m宽的行道林荫道外侧的人行道，那将给儿童和老人创造一个安全地带。

图1-11　村庄内部次要道路有人行道

- 在村庄内部次要道路上建设人行道并不多见。所以，我们可以使村庄内部次要道路兼做人行道，这样，各个家庭之间的联系就会比较紧密。他们可以在那里游戏和踱步，骑三轮车，做跳房子的游戏，与他们的朋友一起回家。对于那些使用婴儿车的家长来讲，那里也是安全的步行场所，他们可以在黄昏的时候，推着孩子漫步街头，人们也可以在街头闲聊。

标准：

- 把村庄内部次要道路，包括铺装路面以及路肩和分离的人行道，建设在5m以内比较合理。村庄内部次要道路的合理宽度是以这样的假定为基础，该道路提供一条行驶速度接近人行速度的进入和出行集散车道，并使行人具有充分的安全感。

- 这里的 5m 宽度同样不是指 5m 的路面宽度，而是包括铺装路面以及路肩和分离的人行道在内的宽度：
  - ◆ 路面宽度约 3m，1 车道；
  - ◆ 路肩和植树宽度约 1m；
  - ◆ 单边人行道宽度约 1m。

换句话说，村庄内部次要道路的整体宽度大体等于村庄内部主要道路的路面宽度，但是，铺装路面的宽度减少到 3m，增加路肩和人行道的设置。由于车速极低，一般不需要道路退红。

技术特点 2：从道路功能出发，村庄内部次要道路具有如下规划和设计特征：

- 村庄内部次要道路在担当交通集散功能的同时，承担步行、服务和村民人际交流的功能；
- 村庄内部次要道路是村庄居民会面的场所，即一个非正式的公共场所（图 1-12）；
- 村庄内部次要道路的宽度大约在人们可以隔街交谈的尺度内；
- 村庄内部次要道路的适当地方设置一些椅子之类的公用设施（图 1-13）；

图 1-12 需要整治的路边非正式公共场所

图 1-13 整治后的路边公共场所

- 为了避免把村庄内部次要道路变成村庄内部主要道路，村庄内部次要道路可以采取"T"形道路，尽量不要再设计成为贯穿性的道路，保证大部分车辆在主路上行驶，减少车辆在住户之间穿行。

对次要道路的设计，可以在一定程度上实现村民对村庄内部次要道路功能的多种期望：
- 降低车辆在次要道路上的行驶速度：
  - 路面宽窄不一
  - 路径稍有扭曲
  - 在路面上分配出行人和自行车部分
  - 路面的粗糙度和平整度
  - 交通标志
- 营造独特的乡村风格：
  - 路面材料和色彩效果
  - 铺装图案
  - 街头小品

注意事项：
- 关注村庄次要道路在构建和谐社会中的功能

村庄内部次要道路一般不太为人注意，甚至有些乏味。但是，有一天，村民熟悉的"街头巷尾"：街头的那个小店，巷尾那盘没下完的棋，那些熟识的面孔，甚至于大爷大妈大哥小妹的笑声，都一起消失了，代之而起的是一条车水马龙的大街或一幢幢令人生厌的火柴盒似的住宅。只有到那个时候，村民才感到若有所失。他们失去了什么？他们失去的是习惯了的日常生活的环境，他们失去的是习惯了的社区场所的建筑背景，他们失去的是"街头巷尾的感受"。

- 关注村庄次要道路在构建生态友好中的功能

我们应当以感觉和整体的方式去观察村庄居住环境，去认识我们所要整治的道路背景，去发现因为水泥化而引起的新问题，发现那些因为村庄环境迅速变化而产生的"只能意会，不能言传"的个人感受，如失落感、孤独感和冷漠感。事实上，"街头巷尾"影响着村民对自己的认同，对周围人们的认同。一旦"街头巷尾"变了，也许会影响他们习惯了的生活，会改变他们的心态。

1.1.3　村庄内部宅间道路

道路-5　宅间道路设计

适用地区：所有村庄。

定义和目的：
- 对村庄内部宅间道路空间规模和布局所做的安排；
- 通过科学的设计，保证村庄内部宅间道路能够承担起村庄宅间的通行功能；
- 与主要道路和次要道路一起构成一个协调的道路系统；
- 在道路建设中节约土地；
- 尽量使用地方可以获得的建筑材料，如砂石等，保证道路的透水性，把对生态环境的影响减至最小。

> 村庄内部宅间道路：
> - 路面宽度约 1m；
> - 边沟和房基保护区宽度共计 2m；
> - 合计宅间道路宽度为 3m；
> - 道路长度 75m 以内；
> - 弯道最低半径不能小于 12m。

技术特点：
- 村庄内部宅间道路与村庄内部次要道路相接，以步行、服务和村民人际交流功能为主，车辆只有蠕动的速度而已，这样，村庄内部宅间道路类似一条人行道（图 1-15）。

图 1-14　整治前的宅间道路　　图 1-15　整治后的宅间道路

- 村庄内部宅间道路还担当着避免包括火灾在内的各类灾难的重要功能。
- 是上下水设施支管线布置场所。

标准：

- 为满足村庄内部宅间道路的避免火灾的功能要求，必须因地制宜地考虑村民最快逃生速度和火灾救助最大半径。
- 为了保证一条宅间道路的长度不超过75m，一条宅间道路不宜超出10家人，两边各5家，这样，他们的逃逸时间约在30s之内。当然，做到这一点并不困难，因为有许多住户实际上可以使用村庄主要和次要道路逃逸。需要注意的是那些居住在街坊中间的住户，保证他们有30s的逃逸时间。
- 为满足村庄内部宅间道路的避免地质灾害的功能要求，必须因地制宜地考虑村民在地震房屋倒塌时，依然可以使用宅间道路逃逸。一幢4~5m高度的房屋倒塌后，可能完全覆盖1m宽的道路，但是，一般不太可能完全覆盖3m宽的宅间道路。所以，3m应当是村庄内部宅间道路的基本宽度。
- 在这样一个狭小的通道里，当然不再允许建设和堆放私人杂物。清除宅间道路上的所有堆放物，是村庄整治中的一项重要工作。

当然，宅间道路的3m宽度并非宅间道路路面的总宽度，而是路面加上边沟和房基保护区的总体宽度：

- 路面宽度约1m；
- 边沟和房基保护区宽度共计2m；
- 合计宅间道路宽度3m；
- 道路长度75m以内。

从道路的功能出发，村庄内部宅间道路具有如下规划和设计特征：

- 村庄内部宅间道路几乎不承担车辆交通功能；
- 村庄内部宅间道路的宽度可以门对门聊天的尺度为准。
- 村庄内部宅间道路的长度不宜超出75m。

1.1.4 景观休闲道路

休闲道路是通往村庄居民点外开放空间的道路(图1-16)。许多村庄近年来做起了民俗旅游服务业，于是，便出现了为游客观赏乡村风情的景观休闲道路。实际上,这些道路过去多为围绕村庄居民点的田间小道或生产性道路,现在增加了生活服务性功能。所以,保证这些道路的安全和美观至关重要。

休闲道路是村庄道路系统中惟一不为汽车交通服务的道路,它直接与村庄周围的田野和山川相联系。因此,这些道路应当顺其自然,不要刻意使用水泥铺装路面,只是做一些简单的清理,保证平坦和不会积水即可(图1-17)。同时,保持过去生产性道路的宽窄尺度为宜,不要按照汽车通行的标准加以扩宽。

图1-16　整治后的村庄休闲道路　　图1-17　休闲道路应当顺其自然,平坦和不会积水即可

1.2　村庄内部道路的规划布局

道路-6　道路规划布局设计

适用地区:中心村和行政村。

定义和目的:

- 道路规划布局设计是关于村庄内部道路空间的一种总体安排。
- 通过规划和设计手段,不仅考虑村庄内部道路的交通通行功能,同时考虑它们的社会和环境保护方面的功能。

设计原则:

- 交通不再是村庄道路的惟一功能,道路成为所有乡村生活的重要场所,其实,道路就是公共空间,而且是生动活泼的公共空间。
- 一切从功能出发的道路设计可以使村庄具有乡土特色的形体特征。
- 道路空间是由建筑"围合起来"的,同时,道路节点的建筑或组成道路节点的建筑在设计上具有特别重要的意义。
- 道路公共场所的空间、美学和功能的意义在道路节点表现得最为明显,所以,道路节点所构成的公共空间应当具有多样性的功能。
- 道路的公共空间与私人空间应当具有明确的界线。

1.2.1 村庄内部道路体系

棋盘式村庄内部道路布局 我国平原和丘陵地区的大部分村庄都在沿袭简单的棋盘式村庄内部道路布局模式。(图 1-18)使用这种棋盘式村庄内部道路布局模式的目的是:

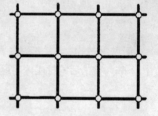

图 1-18 棋盘式村庄内部道路布局模式

- 棋盘式村庄内部道路布局模式可以公平划分宅基地地块;
- 棋盘式村庄内部道路布局模式易于划分供宅院建设的矩形地块;
- 棋盘式村庄内部道路布局模式为无限扩张提供了可能。

技术特点:
- 每一条街道都是贯穿性的;
- 任何街道都可以成为主要街道;
- 棋盘式街道可以平均街道所承担的交通流量;
- 一般提供了从一点到其他多点的最短距离;
- 棋盘式村庄内部道路布局为处理紧急事件的车辆既提供了最迅速接近现场的路径,也提供了接近现场的无限的选择;
- 棋盘式村庄内部道路布局为以人的尺度开发住宅提供了可能。

技术局限性: 在车辆不多的情况,这种道路布局模式的确还是可行的。但是,在村庄车辆增加的今天,使用这种布局模式有技术局限性:

- 存在严重的交通隐患；
- 增加了道路水泥化铺装程度，不利于雨水的回渗，改变了村庄小气候，影响了生态环境；
- 当棋盘向外膨胀时，较为接近村庄居民点核心区的部分会承担更大的交通流量，那里变得越来越大的交通流量会干扰那里的村民；
- 村庄必须维修大量的车行道，把整个街道都铺装起来，以便使承担日益增加的车流量。

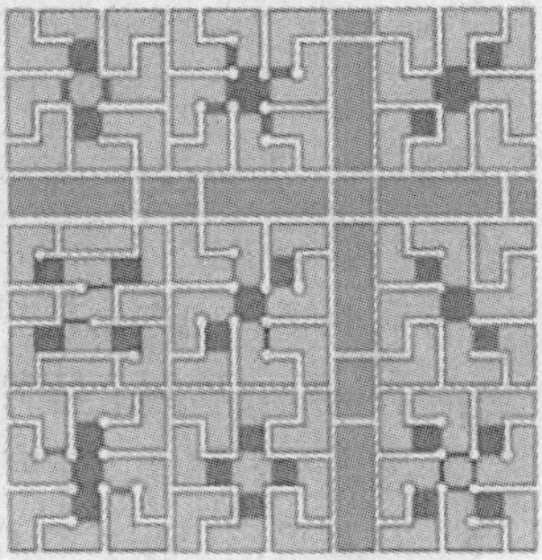

层次式村庄内部道路布局，即有限街道为贯穿式道路（图1-19）。

图1-19　层次式村庄内部道路布局

使用层次式村庄内部道路布局模式的目的是：
- 减少贯穿性道路，相对封闭居民点；
- 限制道路无限扩张；
- 降低车辆交通对居民正常生活的干扰。

技术特点：
- 贯穿式道路把村庄居民点的不同部分连接起来；
- 村庄内部车辆交通主要使用二级非贯穿性的道路；
- 一些道路采用环形状态而不再承担主要交通功能；
- 把大流量车辆交通限制在一定层次上；
- 村庄可以沿着主要道路预留车行道，以防未来交通的增加；
- 产生理想的居住环境；
- 有可能沿主要街道建设商店等服务性建筑，避免在一条繁忙街道上建设入口或家庭入宅车道；
- 在层次式村庄内部道路布局中，先确定贯穿式道路，然后再设计其他。

封闭一个棋盘是困难的，但是，在一个层次式村庄内部道路布局，把有限的入口封闭起来还是很简单的。现在一些封闭式小区就是采用层次街道体制的极端例子。

两种道路布局模式的结合　在村庄道路整治中，需要把两种设计要素协调起来，即在设计贯穿道路组成的大规模棋盘式格局时，兼顾棋盘中的村庄内部次要街道和住宅间道路，把它们与村庄内部主要道路在层次上加以区分。当然，在创造这种结合形态道路模式时，我们需要加以考虑的问题：

- 村庄居民不希望只有一个村庄入口，也不希望与相邻地区没有联系，而大规模棋盘式道路系统在多个层次上把社区连接在一起，实际上是满足他们这类愿望的一种办法。同时，还要考虑步行路径，处理紧急事件的车辆和社区意义。
- 有些采用层次式村庄内部道路布局的村庄包括了附加的步行道，提供了比一般车行道路更直接的连接方式。在一些村庄，这些步行道足够承担处理紧急事件车辆的通行，它们实际上提供了另一种出入社区的形式。
- 调整道路层次可以避免当交通量在老社区部分增加时所引发的冲突，因为那些地方道路可能不再适合于居住了。

1.2.2　村庄内部道路节点

道路-7　道路节点设计

适用地区：所有村庄。

定义和目的：

- 村庄道路节点的设计是关于村庄内部道路节点的一种空间布局安排。
- 村庄道路节点是村庄道路网络的重要组成部分，是村庄道路和交通中的瓶颈部位。
- 合理设计村庄节点的目的是提高村庄居民的安全性、机动性和通行能力，同时满足居民的社会交往的需求。
- 村庄内部三种道路的功能不同，存在地域差异，村庄道路节点一般是无控制平交节点，少数平面环行节点，几乎没有停牌控制平交节点。

- 村庄道路节点一般具有交通冲突、交通瓶颈、速度变化、交通流到达分布的多重性、交通量的周期性变化、到达车辆的转向需求等特征。

村口

技术特点：

村庄内部主要道路起始于村庄入口。这样，村庄入口与村外公路形成村庄内部道路系统的首要节点(图1-20)。在设计村庄入口时，需要满足三个基本要求：

- 在村庄居民点和周围的自然环境间建立一个界限；
- 向来客作若干提示；
- 产生非贯穿性的视觉效果。

图1-20 村庄入口与村外公路形成村庄内部道路系统的首要节点

村口设计原则：

- 村口总有一个类似交通标志大小的村牌、路标、交通限速标志、允许通行车辆的种类、汽车减速的路坎等设施；
- 如果村里设有餐馆和旅馆，就会有些招牌，若不是刻意寻找食宿者，这些招牌不要对停车视距三角形内司机的视线构成障碍；
- 从一个村口不可能看到另一端的村口，不是因为路长的缘故，而是道路在进村不远处转了弯；
- 建筑物和人行道一般即始于村口，除此之外，别无他物。

交叉路口设计原则：

- 路口设置交路口标志、交通限速标志、街名、允许通行车辆的种类、在主要道路上设置减速路坎；
- 如果路口设有公共服务设施，它们的招牌和任何物体不要对停车视距三角形内司机的视线构成障碍；
- 路口不宜种植高大乔木，只能种植低矮灌木；
- 路口转弯半径不能小于12m。

注意事项：
- 通常情况下，一个自然村只建设一个机动车进入村庄的正式村口；
- 其他入口或出口仅供行人和生产车辆使用；
- 与机动车进入村庄的村口相连，整治出一条主要道路，其余道路均按次要道路或宅前道路设计，便于社区交通管理和社会安全。

路口

技术特点：
- 只设置一条村庄内部主要道路，以避免在村庄中出现主要道路"十"字形交叉路口；
- 如果不可避免地要设置更多的村庄内部主要道路的话，至少不要设置任何垂直相交的主要道路，让增加的村庄内部主要道路连接起来绕行，以降低路口交通事故的发生频率（图1-21）；

图1-21 增加一个路心花园，就可以把十字交叉形路口改变成转盘式路口

- 村庄内部主要道路只与次要道路连接，每一个连接构成一个节点；
- 避免主要和次要道路"十"字形交叉节点，主要道路一侧次要道路中的车辆一般没有进入主要道路另一侧次要道路的需要；

- 安排主要和次要道路"错位形丁字形"交叉路口，即主干道两边的次干道不要相对而建，而是错开安排，尽量减少再出现十字路口；
- 在这些"丁"字形交叉路口，设置停车等待交通标志，可以非常有效地控制行车速度，提高道路交通在村庄中的安全水平；
- 在这个节点上，所有进入次要道路的车辆都有优先行驶权，而所有从次要道路进入主要道路的车辆都要避让主要道路的车辆；
- 在主要道路下的上下管道系统与宅间道路下的上下管道系统衔接时，不可避免地还会出现一些宅间道路与主要道路的交叉节点。所以，在设计这类节点时，要在路面宽度和材料上充分考虑这类宅间道路的非车辆行驶功能，它们仅供居住在这条宅间道路上用户的车辆转弯之用。

1.2.3　村庄内部道路退红

道路-8　道路退红设计

适用地区： 村庄内部的主要道路和次要道路。
定义和目的：
- 道路退红设计是关于村庄内部道路退红空间的功能安排。
- 通过道路退红空间的安排，使它重新成为道路、道路附属建筑物、人行道和公共工程设施的使用空间。
- 保证村民和建筑物的安全。

技术特点： 从规划上讲，这些道路退红空间至少具有4项功能：
- 在行驶的车辆与住宅间建立起一个缓冲区，保证居民和住宅的安全；
- 在住宅与住宅之间留下足够的建筑空间，以保证住宅的采光和通风良好；
- 建设维护道路本身的路肩和边沟；
- 设置供电线路、通信线路和供水、排水管线。

技术措施：

- 把改建或新建的主要供水和排水管线埋置在村庄内部主要道路和次要道路的退红空间内，竖立明确管线标志，建设标准管线检查井、设置公共设施。同时，这样一来，私人占用道路退红空间的可能性会减少一些（图1-22a、b、c）。
- 充分利用道路退红空间中可以使用的部分，建设村庄内部主要道路和次要道路旁小型公共园林景观，小型和多样的公共活动和休闲场所（图1-23a、b、c）。
- 通过对道路退红空间的集体使用，消除村民对道路退红空间"闲置"的误解，保证村容整洁。
- 首先改变村庄内部主要道路和次要道路退红空间的状况，逐步改变村民占用宅间道旁空间的习惯。

图1-22 道路退红设计
(a)竖立明确管线标志；(b)建设标准管线检查井；(c)设置公共设施

1 村庄内部道路

图 1-23 道路退红空间的使用
(a)公共活动场所；(b)街头公共园林；(c)休闲场所

> **道路退红空间的 5 项功能：**
> - 在行驶的车辆与住宅间建立起一个缓冲区，保证居民和住宅的安全；
> - 在住宅与住宅之间留下足够的建筑空间，以保证住宅的采光和通风良好；
> - 建设维护道路本身的路肩和边沟；
> - 设置供电线路和通信线路；
> - 设置供水和排水管线。

注意事项：
- 现在，道路退红空间的地面部分常常成为私人堆放柴草和杂物、修建茅厕、喂养牲畜、抛弃垃圾、从事生产的场所，而靠近墙根的地下部分也常常用于家庭化粪池或沼气池的建设(图 1-24a、b、c、d、e、f)。
- 路肩坍塌、边沟堵塞、退红空间被私人临时或永久性占用的现象，随处可见。

图1-24 需要整治的道旁项目
(a)堆放柴草和杂物；(b)修建茅厕；(c)喂养牲畜；
(d)抛弃垃圾；(e)从事生产；(f)家庭化粪池或沼气池

- 随着农村城镇化的推进，生活水平和居住环境的提高，除开道路路面外，道路退红空间的使用和管理越来越重要。
- 在村庄整治中，道路退红空间的整治至关重要，是实现村容整洁的关键部位。

当然，临时治理这些道路退红地区的脏、乱、差的场所不是不可行，但是，要做到长期村容整洁，还需要依靠其他村庄公用设施的建设的配合，如秸秆气化站、改厕、公共畜圈、与居住分离的工业生产厂房、集中沼气站等。

尽管存在上述问题，前4项功能还是依稀可见。但是，由于道路退红空间被私人分割得十分凌乱，且实际没有科学规划，所以，供水和排水管线一般被埋置在道路下。这就给维护造成了极大困难，每次维修必然损坏道路路面。科学的解决办法是，村庄集体地使用它。

1.2.4 村庄内部道路横断面

道路-9 道路横断面设计

适用地区：村庄内部的所有道路。

定义和目的：

- 道路横断面设计是对垂直于道路中心线方向的断面及其组成成分和形式所做出的安排。
- 因为乡村的自然地形地貌和水文条件不同于城市，也不同于田野地区，所以，村庄内部道路兼有公路横断面和城市道路的组成成分，不完全与公路和城市道路的横断面组成相同，需要做出适当安排。

技术特点与适用条件：

- 村庄内部道路一般有车行道（路面）、路肩、边沟、边坡、绿化带、分隔带，也有人行道和路缘石等成分，在高路堤和深路堑的路段，还包括挡土墙。
- 根据道路的设计标高和横断面土石方的不同填挖情况，村庄内部道路的横断面形式采取三种基本形式：路堤式、路堑式、半填半挖式。
- 车行道在横断面上的布置可以采用2种方式：单车道，所有车辆都在同一个车行道平面上混合行驶；用地较省，但对向行驶车辆的干扰多，多用于交通量不大的次要道路；双车道，将车行道分为单向行驶的两条车行道，可避免对向行驶车辆的干扰，但机动车和非机动车仍为混合行驶，当然，这样占地较多。
- 车行道的横断面形状可以做成单向坡面或双向坡面（由路中

央向两边倾斜），形成路拱。路拱的基本形式有：抛物线形、抛物线（或圆曲线）接直线形、折线形、倾斜直线形。
- 对于那些地势平坦和比较富裕的村庄，村庄内部道路的横断面可以采取贴近地面布置，地面的雨、雪水用地下沟管排泄。而对于那些地势不太平坦，集体经济不太富裕的村庄，村庄内部道路的横断面可以通过提高道路中心线的高度，形成路拱，让地面的雨、雪水通过边沟排泄。
- 供行人步行和植树、立杆埋管的人行道。人行道的总宽度，由步行道、地上杆线、行道树、绿地、埋设地下管线等所需宽度组成。步行道的宽度能供1人行走即可，至少1.5m。
- 路缘石也称侧平石、道牙。区分车行道、人行道、绿地之间的界线，其功用是支撑路面，分隔行人和车辆交通，排水。

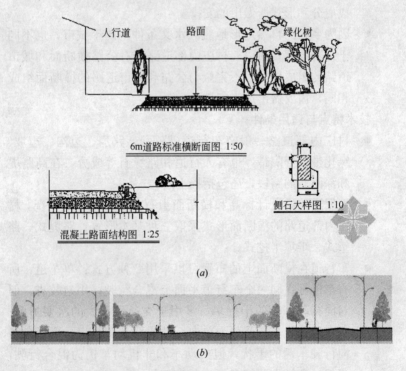

图1-25　村庄内部主要道路横断面设计
(a)村庄内部主要道路横断面的组成部分；(b)村庄内部主要道路横断面的效果

标准：村庄内部道路有三种，所以，横断面、横断面组成和路拱有所区别（图 1-26）：

- 村庄内部主要道路横断面的组成部分有：车行道（路面，双道）、边沟（明或暗，依据传统，双边）、路缘石、行道树（双边）、人行道（双边）、公共工程设施和绿化带（单边）；村庄内部主要道路横断面一般采用双向坡面，根据路面宽度、面层类型、纵坡及气候等条件，其横坡度坡度值在 1‰～3‰ 之间。
- 村庄内部次要道路横断面的组成部分有：车行道（路面，单道）、边沟（明或暗，依据传统，单边）、路缘石（单边）、行道树（单边）、人行道（单边）、公共工程设施和绿化带（单边）；村庄内部次要道路横断面一般采用单向坡面，根据路面宽度、面层类型、纵坡及气候等条件，其横坡度坡度值在 1‰～3‰ 之间。
- 村庄内部宅间道路横断面的组成部分有：单道和边沟（单边）；村庄内部宅间道路横断面一般采用单向坡面，其横坡度坡度值在 1‰～2‰ 之间。
- 无论那种道路，在高路堤和深路堑的路况下，应当还包括挡土墙。

错误做法：当然，没有实施整治的村庄，其现实状况与道路横断面设计标准之间存在相当差距，而一些已经实施村庄整治的村庄，其现实状况也与道路横断面设计标准存在某些差距。

受到这些道路横断面问题影响最大的是道路路基以及路面。村庄道路建设是村民最为关切的村庄整治项目，而村庄道路建设投资对于村庄集体经济来讲是一笔不小的投资，有些村庄甚至是以集资或借贷的方式筹措村庄内部道路建设资金。所以，在以下各章中，都会涉及如何解决这些问题的技术，希望为这些村庄整治中面临的技术问题提供一些解决方案。

错误做法：（图 1-26）
- 村庄内部道路无路拱或横坡度坡度值达不到顺利排出雨水的要求；
- 有路无沟或边沟存在设计问题，如边沟形状有碍清理，可以变暗沟而没有加盖；

- 无人行道或人行道存在设计问题,如行道树种植在人行道上,阻碍行人通行;
- 无路缘石或路缘石存在设计问题,如不能有效支撑路基,或阻碍路面排水;
- 行道树种植存在设计问题,如树种选择有误、过密或过疏;
- 道路路面过宽,挤占了用于公共工程设施的道路退红部分;
- 没有留出道路退红中的绿化带或在那里仅种植单一乔木。

图 1-26　错误做法

(a)无路拱或横坡度坡度;(b)可以变暗沟而没有加盖;(c)有路无沟;
(d)路缘石不能有效支撑路基;(e)行道树种植过密;(f)没有留出道路绿化带

2 村庄内部道路的路基

根据近几年以来对全国许多地区村庄整治道路工程的观察，我们发现了如下与村庄内部道路整治相关的特殊问题：

- "重面轻基"，即路面采用城市道路模式建设，而路基背离一般路基标准，在选材施工中没有依据规范行事，结果路面路基状况相距甚远，最终导致路面的迅速破损（图2-1）。
- "好路恶沟"，即采用乡村公路的设计模式，假定雨水自流，没有考虑到村庄居民点雨水主要集中在道路上排放的特殊状况，从而使房屋院落等大量建筑物汇集的雨水严重侵蚀路面，特别是路基（图2-2）。

图2-1 "重面轻基"

图2-2 "好路恶沟"

- "趋硬避软"，即误解"硬化"，特别是"水泥化"，以为道路整治就是硬化所有道路及其附属建筑物，甚至不留缝隙地水泥化到墙根树根。这样，本来可以通过砂、石或三合土材路面和土质边沟缓慢渗漏和逐步蓄积在村庄中的雨水，全部集中到硬化道面上，造成超出道路可以承受的径流量（图2-3）。

- "弃旧建新",即主要不是修复和改造多数村民聚居的老街坊中的原有道路,而是完全新建扩张开来新街坊中的道路,或耗巨资建设一条全新的主要道路,而不去修复和改造原有道路(图2-4)。

图2-3 "趋硬避软"

图2-4 "弃旧建新"

按照"充分利用已有条件及设施,坚持以现有设施的整治、改造、维护为主"的村庄整治原则,整治村庄内部道路主要工程任务应该是,对村庄内部已有道路进行修复和改造,而主要不是"建新路":

- 使用水泥或沥青材料铺装村庄内部那些还没有铺装过的主要道路或修复损坏了的路段;
- 使用当地其他可以用于铺装道路的耐用材料、水泥或沥青材料,修复性地铺装村庄内部次要道路路面;
- 使用当地其他可以用于铺装道路的耐用材料,因地制宜地修复、改造和铺装村庄内部宅间道路;
- 结合居民区内部排涝和生活污水处理的需要,疏通或修筑保护路基路面的附属道路设施,特别是修复道路排水设施。

需要强调指出的是,无论进行上述哪种道路修复和改造工程,都不要轻视或忽略路基工程。事实上,因为路基不坚实和不稳固而遭到损坏的各类村庄内部道路相当多。

从图2-5、图2-6、图2-7、图2-8中,我们可以发现路基损坏的表现通常有:

图 2-5 填方路堤完工后迅速沉降或不均匀沉陷

图 2-6 路面纵横坡变碎、行车颠簸

图 2-7 路面出现纵向裂缝

图 2-8 路面出现横向通裂，裂缝处出现错台

- 填方路堤完工后迅速沉降或不均匀沉陷，路面纵横坡变碎、行车颠簸；
- 路面出现纵向裂缝，严重时裂缝变宽，裂缝向土路肩边缘伸展，裂缝处呈现错台，形成滑裂面；
- 路面出现横向通裂，裂缝处出现错台。

2.1 村庄内部道路的路基

道路-10 道路路基设计

定义和目的：
- 道路路基设计是对满足道路功能而修建的道路基础及其土

工构筑物的安排、填筑材料的选择、工程程序和处理方案的规定。
- 保证路基填筑坚实、路基处于干燥状态、路面的平顺、道路能在允许弹性变形范围内坚实和稳固。
- 保证路基能承受着来自交通荷载的压力,也要能够应对地质水文条件的变化。

技术要求:
- 坚实是指路基土石方要有足够的密实度。
- 稳固要求路基边坡、基床和基底尽可能不会因为交通荷载的压力、地质水文条件和气候的变化而改变。
- 通过建设排出地基中渗水的边沟、稳定的边坡、挡土结构、衬砌和平石和路缘石等相应的路基附属建筑物,实现设计指标。
- 编制道路路基设计方案,绘制道路路基设计图。
- 科学地修复或重建路基,增强路基的强度和稳定性,是村庄道路整治的基本环节。修复与重建可以参考路基设计。

控制路基填筑材料:

不能被压实到规定的密实度和不能形成稳走填方的材料不能用于路基填筑:
- 沼泽土,泥炭,含有树根、杂草和易腐朽物质等材料;
- 液限指数大于50%,塑限指数大于25%的材料;
- 有机质含量大于3%的材料;
- 压实含水量和最佳含水量之差大于2%的材料等。

稳定软基处理方案一般有:

回填土方、石方、土石混合料或砂砾,袋装砂井,塑料排水板,土工布,上工格栅或以上两种方案的组合等。

道路路基设计:

根据村庄内部地形的不同,路基一般采用的是路堤和路堑两种基本断面结构形式:
- 路堤 当铺设路面的路基面高于天然地面时,路基以填筑的方式构成，这种路基称为路堤。路堤通常由路基面、边坡、护道、排水沟等几部分组成。如果已有路堤缺少那个部分，就填筑那个部分（图 2-9）。

- **路堑**　当铺设路面的路基面低于天然地面时，路基以开挖的方式构成，这种路基称为路堑。路堑通常由路基面、侧沟、边坡、截水沟等几部分组成。同样，如果已有路堑缺少那个部分，就填筑那个部分（图 2-10）。

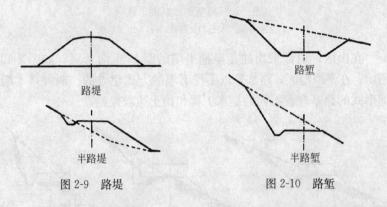

图 2-9　路堤　　　　　　图 2-10　路堑

路堤和路堑的横断面形式如图 2-11、图 2-12 所示。这些图示告诉我们需要填筑部分的位置。

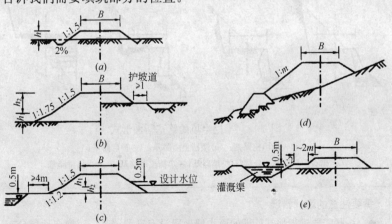

图 2-11　路堤的横断面形式
(a)矮路堤；(b)一般路堤；(c)浸水路堤；(d)护脚路堤；(e)挖沟填筑路堤

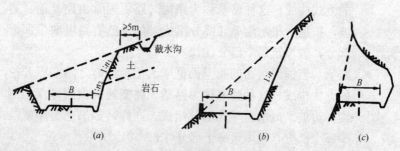

图 2-12　路堑的横断面形式
(a)全挖路基；(b)台口式路基；(c)半山洞路基

在山区，通常采用的是半挖半填的路基断面形式，如图 2-13 所示。在平原地区，路基是以不挖不填的方式建设的。两种基本断面形式的路基有着不同的排水工程和挡土边坡设施。

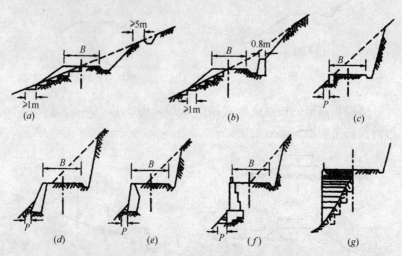

图 2-13　半挖半填的路基断面形式
(a)一般填挖路基；(b)矮挡土墙路基；(c)护肩路基；
(d)砌石护坡路基；(e)砌石护墙路基；(f)挡土墙路基；(g)半山桥路基

需要注意的设计错误

- 一些需要进行地基处理的原沟塘地段没有勘测清楚，对横向地层分布情况钻孔较少或静力触探布点不足。

- 软基设计处理深度不够；软土地基处理不设渐变段，造成处理路段与非处理路段交界处形成沉降突变；等载或超载预压路段预压期估计不足。
- 未按规范规定设置软土地基路段高填土路基反压护道或反压护道宽度不足。
- 高填土路段，特别是严重缺土路段，填料选择错误，设计取土坑沿深度方向土质变化未能列明，造成施工中不同土类的填料混填或分段填筑。
- 高填土路堤设置的暗埋式通道设计长度不足，不能满足超宽碾压要求。
- 路基排水设计不完善。

路基基本构造 村庄内部道路路基由基层、底基层和土质基叠加构成。从村庄内部道路的功能出发，村庄内部道路的路基一般只需要在土质基上建筑一种无机结合料稳定基层就够了。当然，有些交通流量较大的城市道路和乡村公路可能有基层和底基层两层，但这不一定是我们需要模仿的。

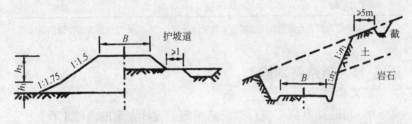

图 2-14 路堤路基构造　　图 2-15 路堑路基构造

技术限制：
- 路基受到破坏有不可抗拒的自然原因，如不良工程地质和水文地质条件，如地质构造、岩层走向、土质和地下水位等；也有如降雨、洪水和干旱等不利的水文和气候条件等。
- 认真了解可能损坏路基的原因，纠正设计中的失误，可以防患于未然，保证路基的长期坚实和稳定见表2-1、表2-2。

地基类型及处理方法　　　　　表 2-1

地基类型	特　点	处理方法
软土地基	地基含水量大，强度低	劈裂注浆法、化学注浆法、旋喷桩法、灰土挤密桩法
湿陷性黄土地基	遇水或加载后产生明显沉陷	劈裂注浆法、压密注浆法、旋喷桩法、灰土挤密桩法
冲填土地基	欠固结土，强度低，压缩性大	劈裂注浆法、压密注浆法、灰土挤密桩法
卵砾和块石地基	大空隙结构，在动荷载作用下，易产生不均匀沉降	渗透注浆法
膨胀土地基	吸水膨胀、失水收缩，具有较大膨胀变形性能	灰土换填、劈裂注浆法、灰土桩法、生石灰桩

路基压实度　　　　　表 2-2

填挖类别	零填及挖方	填　方	
路床顶面以下深度(m)	0～0.3	0～0.8	＞0.8
压实度(%)	≥90	≥90	≥87

注：表中的内容符合现行标准《城市道路设计规范》CJJ 37 中城市道路支路的控制标准。

道路-11　道路路基施工

定义和目的：
- 道路路基施工执行道路路基施工设计方案的修建工程。
- 全面实现道路路基施工设计方案的要求。

技术要求： 施工不合理会导致路基受到破坏，如软基施工工艺不合理或施工时未认真按要求处理或处理不完善等，使成形的路基沉陷或滑移等，最终影响路面，所以，施工时必须：

- 控制每层填料松铺厚度，松铺厚度超过 80cm，使路基填方密实度达到 90% 的低限值；
- 控制路基填筑的有效宽度；
- 修筑横坡度；
- 使用平地机或其他平整机械整平路基填筑层的填料；
- 人工摊铺拍实的路基部分难以达到密实度的要求；

- 在路基施工时修筑临时排水系统,保证积水不会渗入下层路基;
- 路基石方或土石混合料填筑时,石头块径需要完全满足密实度要求。

> **需要注意的施工错误:**
> - 软基处理未达到设计深度,原材料进场未按产品质量要求严格检验,导致处理效果达不到设计要求。
> - 软土地基路段路堤填土速度过快。
> - 使用不适宜的填料又未采取相应的改良措施或措施不到位。
> - 不同土类的填料混填或分段填筑形成抗水性、压缩性的变异。
> - 填挖交界或非全宽填筑或分段填筑时交接面未作妥善处置形成的沉降差。
> - 施工中不注意路基排水,遇雨浸泡路基,后续施工中又未能及时复压。
> - 路堤填料含水量控制不严,填土压实度达不到要求。
> - 分层填土碾压时压实层厚度偏厚,压实质量差。
> - 分层填土未经初步找平,压实不均匀。
> - 施工检测取样未按规程操作,实测压实度存在虚假现象。
> - 巨粒土或粗粒土中所含漂石粒径过大,难以压实均匀。
> - 高塑性黏性土填筑路堤工序不连续,造成完工后压实度下降。

> **三合土基层:**
> 在粉碎的土和原状松散的土(包括各种粗、中、细粒土)中掺入适量消解后的石灰和水,按照一定技术要求,经拌合后,在最佳含水量时摊铺、压实及养生,形成石灰稳定类基层。
> 同时,应当特别注意,三合土一般现场拌合,所以科学配比和适时施工甚为重要。为了防止石灰稳定土基层缩裂,可以考虑实施相应措施。

2.1.1 路基修复

道路-12 路基修复技术

定义和目的:
- 路基修复技术是对损坏村庄道路的综合整治。

- 纠正设计和施工中已经出现的一般错误，使路基恢复密实度和稳定性。

技术要求：
- 使路基处于干燥状态；
- 清理疏通路旁已有的大小道路排水沟或新建道路排水沟；
- 整理出路肩；
- 加固边坡和挡土墙；
- 对那些建筑在原先坑塘河道软基上的道路，重新勘测，分段重新修复；
- 完全不符合设计规范的道路，应该重建；
- 对我国广大南方多雨地区和北方多雪地区，特别要注意，应当因地制宜地采取可能的修复技术，解决道路路基的潮湿问题。路基长期处于潮湿状态，会降低路基强度和稳定性，或者发生冻胀、翻浆和边坡滑塌，甚至整个路基沿倾斜基底滑动。

标准与做法：村庄内部道路路基的基本构造由高度、宽度和坡度三个参数表达，准确满足这些参数的要求，就是路基修复的任务：
- 在村庄内部主要道路没有修筑路肩时，需要在补建路肩的同时，补建路肩下的路基。
- 路基高度不能满足路基上部土层处于干燥或中湿状态时，应该通过深挖边沟的方式，使路基上部土层实现干燥或中湿状态。
- 路基高度必须满足路基上部土层应处于干燥或中湿状态，尽量满足路基临界高度的要求。
- 沿河浸水路堤高度应高出设计水位＋壅水高度＋波浪侵袭高度＋0.5m。
- 边坡坡度过大，需要通过填方降低坡度，避免道路坍塌。
- 边坡坡度过小，乃至无坡度，需要清理边坡或挖方营造出坡度，保证道路横向排水顺畅。
- 综合考虑边坡土质、岩石性质、水文地质条件、边坡高度

- 等因素,以此决定路基边坡坡度。
- 如果要改造村庄内部的土质道路,需要依据道路的实际交通量,在道路土基上增加路基基层。路基基层可以分别采用石灰稳定类、水泥稳定类和工业废渣类等三种无机结合料稳定基层。路基基层厚度都应该满足15cm的规范要求。
- 无论使用石灰还是水泥,建设路基基层的主要原料还是土。所以,要特别留意用来拌和基层的土质。同时,也要注意路基填方或挖方的土质。

水泥稳定类基层

在粉碎的土或原状松散的土(包括各种粗、中、细粒土)中,掺入适量的水泥和水,按照技术要求,经拌合摊铺,在最佳含水量下压实及养生成型。

水泥稳定类基层一般宜用厂拌法拌制混合料,并用摊铺机摊铺。

施工期的最低气温应在5℃以上,冰冻地区应在第一次重冰冻(-3~-5℃)到来之前半个月到一个月完成。

三合土配置

土质:塑性指数为15~20的黏性土较好;粒料和砂性土不宜;有机质含量大不宜。

灰质:生石灰粉,Ⅲ级以上的技术标准,妥善保管。

石灰剂量:最佳石灰剂量,对于黏性土及粉性土为8%~14%;对砂性土则为9%~16%。

含水量:通过标准击实试验确定最佳含水量。

石灰稳定土基层缩裂防治措施

控制压实含水量
严格控制压实标准
温缩的最不利季节
重视初期养护
及早铺筑面层
掺加集料(砂砾、碎石等)

二灰混和料基层

一定数量的石灰和粉煤灰,或石灰和煤渣与其他集料(土)相配合,加入适量的水(通常为最佳含水量),经拌和、压实及养生后得到的路面结构层,形成石灰工业废渣基层。

同样需要注意,工业废渣一般采用现场拌和,所以科学配比和适时施工需要严格管理。

增强水泥稳定土地基强度的方法

土质:碎(砾)石和砂砾＞砂性土＞粉性土和黏性土。水泥品种及剂量:硅酸盐类水泥较好,铝酸盐水泥较差,优先选用终凝时间较长(6h 以上)的低强度水泥。水泥稳定土的强度随水泥剂量的增加而增长,但过多的水泥用量,不经济,易开裂,水泥剂量为 4%～8%较为合理。

施工及养生:达到最佳密实度的含水量,满足完全水化和水解作用的需要;混合料须拌合均匀并充分压实。水泥土从开始加水拌合到完成压实的延迟时间要尽可能地短,一般要在 6h 以内。

湿法养生:养生温度愈高,强度增长得愈快。

可以使用的废渣原料

石灰:符合Ⅲ级以上的技术指标,尽量缩短存放时间。有效钙含量在 20%以上的等外石灰、贝壳石灰、珊瑚石灰、电石渣等,应通过试验,当混合料的强度符合要求时,方可应用。

废渣:粉煤灰中 SiO_2、Al_2O_3 和 Fe_2O_3 的总含量应大于 70%,烧失量不超过 20%,比表面积宜大于 $2500cm^2/g$;煤渣的主要成分是 SiO_2、Al_2O_3,松干密度,最大粒径不应大于 30mm,颗粒组成宜有一定级配,且不含有害物质。

粒料:粒料应少含或不含有塑性的土。

路基基层土的工程性质

砂土:无塑性,强度高,水稳定性好,压实困难。

砂性土:粗、细颗粒适宜,理想材料。

粉性土:粉土颗粒,毛细作用强烈,水稳定性差,需改良使用。

黏性土:细颗粒含量多,透水差,毛细现象显著,应充分压实。

重黏土:不透水,膨胀性和塑性大。

2.1.2 路基修复施工

道路-13 路基修复施工技术

定义和目的：
- 路基修复施工技术是实现路基修复技术要求的施工工序和填筑方法。
- 满足路基修复技术标准的要求。

标准与做法： 施工工序
- 确定计划修复路基工程的路基土石方工程量，如路基挖方、填方、软基处理方、借土填方等；
- 再根据路基修复工程量，确定施工方案；
- 确定填方用土的来源、挖方弃土的去向，计算土石方调配。

路基土石方填筑施工工序一般为：
施工测量→恢复中、边桩→场地清理→填料选择→监理工程师签证→路堤填筑
路基挖方施工工序一般为：
施工测量→恢复中、边桩→场地清理→土方处理→监理工程师签证→土石方开挖

标准与做法： 路堤的填筑方案：
- 分层填筑法
- 竖向填筑法
- 混合填筑法

标准与做法： 路堤的填筑施工
- 在路基用地和取土坑范围内，清除地表植被、杂物、积水、淤泥、表土，处理坑塘，对基底进行填前压实，满足规范和设计要求；
- 路基填料必须先做土工试验，包括击实、液限、塑限、CBR 值等，以确定是否能作为路基填料；
- 土方填筑时挂线施工，控制每层松铺厚度在 30cm 以内，遇到横坡陡于 1∶5 路段时，须挖台阶处理，并保证填方中线、平整度、路拱等技术指标符合规范要求；

- 填石路堤应逐层水平填筑石块，摆放平稳，填石空隙用石渣、石屑嵌压稳定，采用振动压路机分层碾压，压至顶面石块稳定，再振压两遍，无明显标高差异即可。

注意事项：
- 根据其不同的功能需要，三种村庄内部道路分别采用不同的路面结构组合。
- 在村庄内部主要道路和次要道路采用水泥或沥青路面时，路基压实度应符合的规定要求。
- 路基压实度达不到（表2-2）要求的路段，宜采用砂石等其他路面结构类型。

2.1.3 路基的维护

道路-14 路基维护技术

适用地区： 所有村庄。

定义和目的：
- 路基维护技术是对已经建成的道路实施经常性保养的工艺措施。
- 发现路基损坏的问题，如路基沉陷、基床翻浆冒泥、发生泥石流、滑坡、崩坍落石，尽早通过维护工艺消除路基问题，减少大修或重建道路的资金和劳务投入。
- 路基要受各种自然条件的严重影响，所以，以"预防为主、治养并重、排水防水、安全第一"为出发点，治早治小，更多采用预防性措施。

路基土石方填筑施工工序一般为：
施工测量→恢复中、边桩→场地清理→填料选择→监理工程师签证→路堤填筑
路基挖方施工工序一般为：
施工测量→恢复中、边桩→场地清理→土方处理→监理工程师签证→土石方开挖

标准与做法： 保养措施
- 及时处理路基水患，搞好排水、防水和治水工作；

- 清理村庄内部道路边沟中的垃圾、堆放的柴草以及淤泥；
- 清理路肩上的所有堆积物，保证雨水的及时排放；
- 修补道路边坡；
- 使用砂垫层、封闭层、更换土质、横向盲沟等措施，及时整治基床的翻浆冒泥；
- 及时解决陡坡堤堑交界处的排水和防水；
- 加强村庄内部道路绿化建设和水土保持工程，特别注意在山区村庄路旁种植根系发达的乔木、灌木或草本植物，稳定边坡和抵抗冲蚀。

注意事项：
- 对崩塌、滑坡、软土路基下沉、基床病害、较大的冻害等的整治，通常需要道桥工程专业人员指导，进行细致的勘探试验，单独的特殊设计和工程措施，如抗滑桩、排水盲沟、砂井、砂垫层和土工织物等。
- 整治路基病害需要综合运用多种村庄整治措施。

2.2 村庄内部道路路基的附属构筑物

路基附属构筑物是保证路基具备足够强度和稳定性的建筑物，如路基排水系统、边坡、挡土墙。路基附属构筑物可以在一定程度上保证路基不发生过大，沉陷，不发生过大的弹性和塑性变形。路基附属构筑物可以用来绿化村庄，保护乡村特色。

2.2.1 路基排水系统修筑

道路-15 路基排水系统修筑技术

适用地区：
- 年降雨(雪)量超过500mm的地区；
- 低洼汇水地区；
- 地下具有上层滞水、潜水和层间水的地区；
- 村庄建筑物尚无下水排放设施的村庄。

定义和目的：
- 路基排水系统修筑技术是解决路基排水问题的一系列措施，包括修筑和清理地面纵向排水沟、侧沟、截水沟，以及修建地下渗沟和渗管等排水设备。
- 农村居民点的路基多为土质，水的侵害会使路基难以长期保持坚固和稳定。由于影响路基的水源来自地上和地下，如地上的降雨和积雪，地下上层滞水、潜水和层间水，特别是居民用户排放的污水，所以，在村庄整治中，特别要注意修复路基排水系统，拦截地下水和降低地下水位。
- 保持路基的强度和稳定性。

地面排水设施的修筑

边沟

技术特点：
- 边沟设置在挖方路基的路肩外侧或矮路堤的坡脚外侧；
- 多与路中线平行；
- 用以汇集和排除路基范围内和流向路基的少量地面水。

标准与做法：
- 在修复或新建道路边沟时，可以参考如下 6 种标准设计方案（图 2-16a、b、c、d、e、f），依此标准改建已有和建筑新的道路边沟。

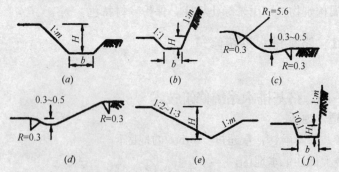

图 2-16 修复或新建道路边沟时，可以参考 6 种标准设计方案
(a)、(b)梯形；(c)、(d)流线形；(e)三角形；(f)矩形

- 边沟的深度　根据表2-3的规定，道路排水边沟的深度应在地基基层以下。

各类路面结构层最小厚度　　　　　　　表2-3

路面形式	结构层类型	结构层最小厚度(cm)
水泥路面	水泥混凝土	18.0
沥青路面	沥青混凝土	3.0
	沥青碎石	3.0
	沥青贯入式	4.0
	沥青表面处治	1.5
其他路面	砖块路面	12.0
	块石路面	15.0
	预制混凝土方砖路面	10.0
路面基层	水泥稳定类	15.0
	石灰稳定类	15.0
	工业废渣类	15.0
	柔性基层	10.0

注：表中数值采用了交通部《农村公路建设暂行技术要求》中的有关规定。

① 村庄内部主要道路和次要道路为水泥铺装时，其边沟深度至少有50cm(1.5尺)，保证边沟积水线在33cm(1尺)以下；

② 村庄内部主要道路和次要道路为沥青类铺装时，其边沟深度至少有35cm(1尺)，保证积水线在18cm(0.5尺)以下；

③ 村庄内部宅间道路为砖、石和预制混凝土方砖铺装时，其边沟深度至少有50cm(1.5尺)，保证边沟积水线在33cm(1尺)以下；

④ 道路边沟的排水要结合村庄内部排水系统的设计，保证边沟内积蓄的雨水和污水可以及时排出；否则，也会侵蚀道路的土基层。

- 只要边沟内的积水能够及时排出，采用土质或石质材料制成边沟，特别是在长出草类植物后，更利于保护村庄生态环境。

- 边沟的纵向坡度　每条道路边沟的设计都要考虑沿着道路走向的纵向坡度,以保证边沟内积蓄的雨水和污水可以及时排出。以 10 年内 30 分钟最大降雨量校核排水量,以此决定村庄内部道路边沟纵向坡度。通常情况下,道路边沟纵向坡度取 0.5%~3%。
- 由于居住区道路纵横交错,所以,应当在村庄整治时,尽可能缩短道路边沟连续长度,必要时可以建设跨过道路建设涵洞,使道路边沟就近排入附近的河道、坑塘、自然水沟和低洼地带等排水系统中,不要一味沿路延伸下去。这样可以减少道路边沟开挖工程。
- 边沟的边坡　排水边沟的边坡要根据所选择的边沟横断面形式做出合理的设计。具体设计参数如下:

在采用梯形横断面形式边沟时,其内侧坡度取 1:1~1:1.5,外侧与挖方坡度一致;

石方路段的边沟宜采用矩形横断面,其内侧边坡直立,坡面应采用浆砌面防护,外侧与挖方坡度一致;

干旱浅挖地区的土质边沟,可采用三角形横断面,其内侧坡度取 1:2~1:3,外侧与挖方坡度一致。

截水沟

适用地区:

- 地处山区且依山而建的村庄居民点,特别针对南方多雨和时常遭受暴雨袭击的村庄。

技术目的:

- 地处山区且依山而建的村庄居民点,在村庄内部道路采用半挖半填的路基断面形式下,除开道路旁的边沟外,还需在道路依山一边的上方修筑截水沟,以拦截并排除路基上方流向路基的地面径流,减轻边沟的水流负担,保证挖方和填方的坡脚不受水流的冲击。

技术特点:

- 挖方和填方截水沟在设计上还有一定的区别,需要因地制宜地合理设计(图 2-17、图 2-18)。

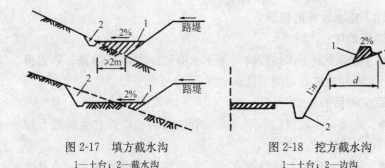

图 2-17 填方截水沟
1—土台；2—截水沟

图 2-18 挖方截水沟
1—土台；2—边沟

排水沟

适用地区： 所有村庄。

定义和目的：

- 排水沟是向村庄外水利系统及时疏导道路边沟（图 2-16）、截水沟（图 2-17、图 2-18）、取土坑、路旁洼地和道路边坡附近的积水的一种排水设施，或称泄洪沟。

技术特点：

- 排水沟通常采用梯形横断面形式；
- 土质边坡通常取 1∶1～1∶1.5，其规模大小由水利部门进行计算；
- 排水沟应当尽可能离开道路，至少要在道路路基 2m 以外；
- 连续长度不宜超过 500m；
- 纵向坡度取 0.5%～3% 之间。

跌水与急流槽

适用地区：

- 地处山区且依山而建的村庄居民点，特别针对南方多雨和时常遭受暴雨袭击的村庄。

定义和目的：

- 跌水与急流槽是路基地面排水沟的特殊形式，用于陡坡地段，沟底纵坡可达 45°。

技术特点：

- 要求跌水与急流槽的结构必须稳定和坚实，通常采用浆砌块石或水泥混凝土预制块砌筑，并具有相应加固措施。

地下排水设施的修筑
适用地区：
- 在那些地下水位较高，地下水有可能影响到路基、路面强度和边坡稳定的地区。

定义和目的：
- 地下排水设施包括暗沟或暗管、渗沟和渗井之类的地下排水设施。
- 隔断、疏干、降低的方式汇集路基下的潜藏积水，并及时把它们排出到排水沟里。

技术特点：
- 这些地下排水设施通常是在道路建设时建设比较容易，要在道路改造中重新建设也不是不可。
- 特别对于那些因地下水渗漏而破坏的道路，应当做比较彻底的改造，而不要过于短视，不顾水文地质条件重新铺装路面。必须从根源上解决问题。

暗沟或称盲沟
适用地区：
- 在那些地下水位较高，地下水有可能影响到路基、路面强度和边坡稳定的地区。

定义和目的：
- 暗沟即是在道路边沟之下继续开挖下去的边沟。
- 导引出路基下的地下渗水，使之可以在边沟中排出。

技术特点：
- 暗沟比较深，不宜清理，可能被土堵塞，所以，暗沟内需填满颗粒材料，保证不被堵塞，又可以接受路基渗水、上层滞水、潜水和层间水。
- 北方寒冷地区应把暗沟设在冻结层以下。
- 具体设计参数如下：
    ① 暗沟通常采用梯形横断面形式，沟壁倾斜度大约为1：0.2；
    ② 底宽与深度比大体为1：3；

③ 沟底纵坡 1‰～2‰；
④ 暗沟底部至中间填入 3～5cm 较大的碎石，然后填料逐步变为细颗粒，逐层颗粒直径由下至上呈 6 倍递减；
⑤ 暗沟底部和顶部设 30cm 的防透水层，或在顶部铺设双层反铺草皮；
⑥ 暗沟连续长度不宜过长；
⑦ 出水口底面标高应高于沟外最高水位 20cm。

渗井

适用地区：
- 路基下具有多层地下水层的村庄。

定义和目的：
- 地下水引入更深层的地下水中的井式设施。
- 把地下水引入渗井内，以降低上层的地下水位或全部排出上层地下水。

技术特点：
- 井深根据地下水位确定；
- 渗井一般采用 1～1.5m 的圆直径或 1～1.5m 边长的方形的井；
- 井内由中心向四周由细粒砂石到粗粒砂石填充，粗粒渗水，细粒过滤；
- 填充料要洗净，分别填充，不要混合填入，以保证渗井效果。

技术局限性：
渗井造价比较渗沟价格要高，需要慎重使用。

渗沟

适用地区：
- 在那些地下水位较高，地下水有可能影响到路基、路面强度和边坡稳定的地区。

定义和目的：
- 渗沟比暗沟开挖更深，其构造结构不同于暗沟。
- 通过在其底部建筑洞或安置管道，排除或拦截路基地下水，排放更多的地下水。

技术特点：
- 浅埋的管道一般在2~3m，而深埋的管道一般达到6m以上；
- 在暗洞或管道的顶部再安置渗板，地下水通过渗板把水导入暗洞或管道排出；
- 如果使用暗洞，其暗洞周围必须置入不渗水层；如果暗洞处于渗水层内，必须做防水处理；
- 洞底纵向坡度不小于0.5%；
- 在需要排除的水量比较大时，需要埋置陶土或混凝土预制暗管；
- 管径一般在0.4~0.6m；
- 北方寒冷地区除开把暗管埋设在冻结层以下，管径也相对要大些。

注意事项：
- 这些路基排水方式适用于不同水文地质条件，需要因地制宜地加以综合考虑。
- 其目标就是比较好地解决路基排水问题，以保证路基常年处于干燥状态，确保路基具有足够的强度和稳定性。

2.2.2 边坡

道路-16 路基边坡整治技术

适用地区： 依山傍水的村庄。

定义和目的：
- 在路基两侧构筑具有一定坡度坡面的方法。
- 在依山傍水的村庄里修筑道路，需要建筑边坡来保证路基稳定。

技术适用情况： 村庄内部道路边坡存在许多特殊性。我们需要因地制宜，从实际出发地维护、恢复、修缮和改造村庄内部道路边坡。
- 一个村庄内部道路因自然条件采用"半挖半填"的路基断面形式时，道路会出现两类边坡：

"半挖边"会出现依山的自然边坡,通常为岩质边坡(图2-19)。如果依山的自然边坡不稳固,暴雨冲击下来的泥沙可能摧毁路基路面。

"半填边"会出现人工边坡,一般为土质边坡(图2-20)。如果填制而成的人工边坡不稳定,可能使路基路面逐步坍塌或整体位移,从而最终颠覆了道路。

图 2-19　道路边坡　　　　图 2-20　边沟的边坡

- 绝大多数集聚性山区村庄居民点是建设在坡度低于15°的相对平坦的场地上,村庄内部道路没有公路型边坡,只有村庄内部道路的"土质边坡"。
- 集聚在河流、堰塘边的平原村庄居民点一般不会利用泄洪缓冲区修筑道路,村庄内部道路也没有河岸性边坡,只有"堤岸的边坡"。
- 边坡坍塌、边坡冲沟、防护体滑落、防护体剥蚀是村庄内部道路边坡存在的一般问题:

就滑坡而言,有4类险象:
- 山区道路靠近河流部分边坡,溪流湍急,流水的长期冲刷侵蚀作用将边坡坡脚掏空,形成滑坡体的临空面引发滑坡。
- 山区道路的施工、建筑开挖劈山切坡,结果将边坡坡脚开挖成垂直的临空面,从而使滑坡体失去下部支撑而下滑。
- 因为水田耕作、植被破坏,山区截流蓄水功能削弱,地表水沿裂缝渗入岩土界面上,形成滑动面造成的滑坡。

- 降雨集中,给滑坡提供了动力。

就崩塌而言,有3类险象:
- 岩体节理发育完善,岩体破碎,不稳岩体在强烈振动下和连续降雨时,产生倾倒式崩塌。
- 风化、地震及特大暴雨使直立状或板状岩体产生分离,产生错断式崩塌。
- 岩体沿结构层滑移至边坡外,发生滑移式崩塌。

就冲刷而言,有2类险象:
- 依水而修建的比较老的村庄道路坡脚,因为长时间水流冲刷、侵蚀、掏空,临时防护已经失效,造成路基的坍塌,危及路面的安全。
- 最近新建的村庄道路挖方坡面未做处理,这种残积层以砂砾为主,以黏土胶结,抗水性能差,抗冲刷能力弱,在高温多雨的条件下,迅速风化。如遇大规模降雨,坡面中刷成密集的鸡爪状中沟,坡面堵塞排水沟,淤埋路面。

造成这些险象的原因是多方面的,大体可以归结为3类:
- 自然类:降雨量大、洪水发生、冰冻或温差大;地质构造复杂,岩层走向与倾角不利,岩性松软、风化严重、土质不良、地下水位较高等;地表土水浸湿变软,裂缝发育,形成冲沟;
- 设计类:边坡取值不当,防护与加固不符合规范,水文地质和地质结构勘察有误,排水不利造成表层土沿不透水或弱透水层滑坍,路基支挡构造物产生位移、被剪切、倾覆及坡面防护被摧毁;
- 施工类:深挖路堑形成的边坡致使自然山体受到破坏,曾经采用大型爆破,工程质量不合标准。

技术特点:

我们在村庄整治中,应当从控制地质条件和水对边坡的危害性影响出发,从具体条件出发,努力消除和尽可能减轻边坡已经存在的险象,同时,加大整治力度,落实相关规范。

路堤边坡坡度　　　　　　　　　　表2-4

填料种类	边坡高度(m)			边坡坡度		
	全部高度	上部高度	下部高度	全部高度	上部高度	下部高度
细粒土	20	8	12	—	1:1.5	1:1.75
粗粒土	12	—	—	1:1.5	—	—
巨粒土	20	12	8	—	1:1.5	1:1.75
不易风化的块石	8			1:1.3	—	—
	20			1:1.5	—	—

注：对于浸水填土路堤，设计水位至常水位部分的边坡坡度视填料情况，可采用1：1.75～1：2；常水位以下部分可采用1：2～1：3。

路堑边坡坡度　　　　　　　　　　表2-5

土、石种类		边坡高度(m)	边坡坡度
含石土	胶结与密实	20	1:0.5～1:1
含土石	中等密实的	20	1:1～1:1.5
黄土		20	1:0.3～1:1.25
细粒土、粗粒土		20	1:0.5～1:1.5
风化岩石		20	1:0.5～1:1.5
一般岩石		—	1:0.1～1:0.5
坚石		—	直立～1:0.1

注：路堑的边坡坡度应根据当地自然条件，土、石种类及其结构、构造，边坡高度和施工方法等因素确定。

针对以上问题的具体村庄内部边坡整治措施有9种：
- 排水：改造道路横断面，增加排水设施，避免局部冲刷淘空路基边坡坡脚。
- 减重：刷坡、减重、清除。
- 抗滑：改造过陡的边坡，适当增加边坡宽度，提高压实度；重力式抗滑挡土墙、垂直预应力锚杆式挡土墙、桩板式抗滑挡土墙、抗滑桩、明洞等等。
- 支挡：重力挡土墙、加筋挡土墙、锚杆挡土墙、薄壁式挡土墙、锚定板挡土墙、土钉墙、桩板墙等，保持路基稳定。
- 锚杆加固：锚杆法、锚索、喷浆锚杆挂网法。
- 改造：改造传统公路直坡段横断面的设计形式，在土质边坡、软质岩石边坡中使用弧形边坡形式，提高边坡的安全、环保、美观性。

- 圬工砌筑：采用勾缝、喷浆、抹面或局部护砌，以防止岩质边坡坡面风化、剥落，等措施进行修补。
- 岩土改良：水泥灌浆法、硅化法、电化学加固法、冷热沥青胶结法。
- 恢复植被：采用种草、铺草皮、植树、抹面、灌浆、砌石护坡，降低大面积边坡的裸露率，同时，整饰边坡的美学效果。

2.2.3 挡土墙

道路-17 挡土墙修筑技术

适用地区： 地处山区且依山而建的村庄居民点，特别针对有泥石流或山体滑坡多发地区的村庄。

定义和目的：
- 挡土墙修筑技术是在路堤或路堑边坡旁修筑工程构造物的方法。毛石是最为普遍使用的挡土墙材料（图2-21）。
- 修筑挡土墙的目的是防止路基填土或山坡岩土坍塌，支撑天然边坡、挖方边坡或人工填土边坡，维持路基稳定性。

技术特点与适用情况：
- 按挡土墙相对道路的位置，我们可以把它分为路肩墙、路堤墙、路堑墙等类型。

路肩墙适用于空间狭小的地方，通过收缩坡脚，减少占地，达到防止沿河路堤受水流侵害，并能增强路堤的稳定性；

与路肩墙相似，路堤墙也可以约束坡脚，实现维持道路旁的土体的稳定性的功能；

不同于路肩墙和路堤墙，路堑墙修筑在路堑坡底，用以降低边坡高度，减少山坡开挖，防止可能塌落的山坡土体；

按照挡土墙断面形式，我们可以把它划分为直立式、倾斜式、台阶式、重力式和悬臂式等形式。

- 按挡土墙的结构特点，我们可以把它划分为重力式挡土墙、锚定板式挡土墙（图2-22）、锚杆挡土墙、钢筋混凝土悬臂式挡土墙、扶壁式挡土墙，以及加筋土挡土墙等形式。

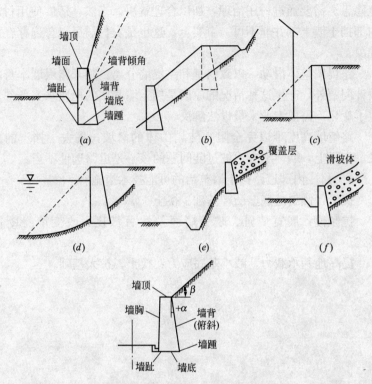

图 2-21 挡土墙和一般结构示意图

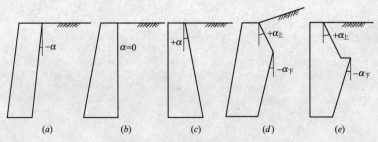

图 2-22 重力式挡土墙断面形式
(a)仰斜;(b)垂直;(c)俯斜;(d)凸形折线式;(e)衡重式

- 亟待整治村庄内部道路挡土墙的问题有:

村民不当地使用了挡土墙,特别是在挡土墙上建筑临时或永久性建筑,不仅可能导致挡土墙坍塌,更为严峻的是对村民构成不安全隐患。需要通过村庄治理，加以合理解决。当然，适度使用村庄内部挡土墙上部并非不可。事实上，这也是农村居民点普遍存在的现象。

路堤墙整体滑动，以致路基和路堤墙分离。除开路堤墙本身的设计问题外，产生这种情况的原因是挡土墙基底的地质水文条件发生了变化。需要专业人员设法解决。

路堑墙高度难以完全阻止陡峭山体的滑坡，失去了挡土的意义。实际上，墙体上方边坡过陡问题的核心是道路选址不当。

- 村庄内部道路挡土墙整治的可能技术措施有：

抗滑：倾斜基底、凸榫基础、换土；

抗倾覆：展宽墙趾、改变墙面及墙背坡度、改变墙身断面形式；

提高地基承载力，减小基底应力：换土、扩大基础。

3 村庄内部道路的路面

村庄内部道路是与村民日常生产生活联系最紧密的公共工程之一，而村庄内部道路的路面最能直接反映村容村貌。在村庄整治中，需要认真对待村庄内部道路路面工程。

道路-18 路面修复技术

适用地区：所有村庄。

定义和目的：

- 路面修复技术是各类损坏路面进行各种维修工艺的统称，是如何修复、更新和改造那些还可以继续使用下去的村庄原有道路的具体办法。
- 按照道路规划确定的等级，选用路面铺装材料和修复工艺，使更新改造过的路面平整、抗滑、不透水和提高正常车辆荷载所需要的结构承载能力。

技术要求：

- 路面是用筑路材料铺在路基上供车辆通行和公众步行的层状构造物。
- 常见道路路面有水泥类、沥青类、砂石类。
- 路面横断面形式一般分为槽式和全铺式两种。
- 路拱横坡度根据路面材料有所不同，见表3-1。
- 路面不能单独存在，需要路基支撑和扩散路面车辆荷载。
- 路基基层可能是石灰类、水泥类和工业废渣类原料。
- 无论何种路面，路面基层铺装厚度均在15cm，而路面结构层最小厚度按照表2-3执行。

路拱横坡度　　　　　　　　表 3-1

路 面 类 型	路拱平均横坡度(%)
沥青混凝土、水泥混凝土	1～2
厂拌沥青碎石、路拌沥青碎石、沥青灌入碎石、沥青表面处治、整齐石块	1.5～2.5
半整齐石块、不整齐石块	2～3
碎石、砾石等粒料路面	2.5～3.5
低级路面	3～4

注意事项：

- 据调查，村庄内部从未使用任何材料铺装过一条主要道路的村庄，并不存在；从未使用任何材料铺装过的村庄内部其他道路，随处可见；而那些曾经使用水泥、沥青、石块或三合土铺装过，现在已经不同程度地损坏的道路路面，比比皆是(图 3-1、图 3-2)。

道路路面损坏的主要原因可以归纳为 8 类：

- 道路路面材料配比不正确；
- 道路路面施工不规范；

图 3-1　损坏了的三合土铺装道路

图 3-2　损坏了的水泥铺装道路

- 道路路面设计有误；
- 排水不利；
- 道路路面承载了超出设计荷载能力的车辆；

- 道路路面功能改变；
- 道路选址不当；
- 遇到过不可抗拒的重大自然灾害。
- 《村庄整治技术规范》要求我们，"充分利用已有条件及设施，坚持以现有设施的整治、改造、维护为主"，"不应简单套用城镇模式大兴土木、铺张浪费；""优先采用当地原材料，保护、节约和合理利用能源资源，节约使用土地"等等。

村庄道路首先还是一个整治。路面不好修路面，路基出岔改路基，实在无法整治，才去建设新道路。所以，我们需要确定以下 8 件事：

- 更新战略　认真考虑村庄内部道路系统的修复和更新问题的战略，决定是修复还是重建路面，修复哪些路面，需要修复的路面面积是多少；
- 经济预算　道路铺装的材料和质量水平由平均日车辆通行总量决定，采用砂石还是钢筋水泥混凝土路面铺装材料，需要做出经济预算；
- 设计和安全　视距、纵横坡度、宽度、设计速度、路面分割、周边里面等；
- 路基和排水状况；
- 道路寿命；
- 更新和维护路面的费用；
- 更新阶段；
- 村民意见。
- 村里在整治道路需要节约资金、土地、能源和材料。
- 修复、更新和改造原先的道路，可能比起建设"水泥化"道路更能保护生态环境和乡土特色。
- 从道路的功能出发，按照道路规划确定的等级（表3-2），选用路面铺装材料，保证更新改造过的路面平整、抗滑、不透水、具有承载正常车辆荷载的强度。

路面等级和路面类型 表 3-2

路面等级	面层类型	所适用的公路等级
高 级	水泥混凝土、沥青混凝土、整齐石块或条石	高级、一、二级公路
次高级	热拌沥青碎石混合料、沥青灌入碎石、沥青表面处治	二、三级公路
中 级	水结、泥结碎石或级配碎石、半整齐石块路面	三、四级公路
低 级	粒料加固土、其他当地材料改善土	四级公路

3.1 主要道路路面

村庄主要道路用于车辆交通行使为主的部分称之为主要道路路面。

《村庄整治技术规范》的规定：

- "主要道路路面宽度不宜小于 4m。路面铺装材料应因地制宜，宜采用沥青混凝土路面、水泥混凝土路面、块石路面等形式，平原区排水困难或多雨地区的村庄，宜采用水泥混凝土或块石路面"。
- "村庄道路纵坡度应控制在 0.3% ~ 3.5% 之间，山区特殊路段纵坡度大于 3.5% 时，宜采取相应的防滑措施。"
- "村庄道路横坡宜采用双面坡形式，宽度小于 3m 的窄路面可以采用单面坡。坡度应控制在 1% ~ 3% 之间，纵坡度大时取低值，纵坡度小时取高值；干旱地区村庄取低值，多雨地区村庄取高值；严寒积雪地区村庄取低值。"

3.1.1 水泥混凝土路面整治

在村庄内部道路系统中，主要道路的路面通常损坏最为严重。

水泥混凝土路面损坏的主要表现有：路面出现的纵横裂缝、交叉裂缝、角隅断裂、板底脱空、局域沉降、露石、坑洞、坑槽、挤碎、局部松散和错台等，见图 3-3。

图 3-3 主要道路的路面通常损坏几例

道路-19 测定水泥混凝土路面损坏程度技术

适用地区：使用水泥混凝土铺装的路面的村庄。

定义和目的：
- 测定旧水泥混凝土路面损坏程度的方法。
- 确定维修方式和投资。

技术方法：测定水泥混凝土路面损坏程度的技术方法有 4 种：
- 断板百分率，即计算每块断裂板的裂缝条数和位置（表 3-3）；
- 平均错台量，即测量接缝两侧板边的高程差（表 3-4）；
- 混凝土面板接缝状况，即观察缩缝和施工缝处混凝土是否碎裂、渗水、有砂石进入且造成胀缝处板边挤碎、拱胀，引起行车跳动；
- 板底脱空状况，即采用雷达对路面脱空进行检测，估算出空洞的位置、深度和宽度。

路面损坏分级评估标准，接缝传荷能力分级评估

路面损坏分级评估标准　　　　　表 3-3

等　级	优良	中	次	差
断板率(%)	≤5	6～10	11～20	>20
平均错台率(mm)	≤5	6～10	11～15	>15

接缝传荷能力分级评估　　　　　表 3-4

等　级	优良	中	次	差
接缝传荷系数(%)	>80	56～80	31～55	<31

道路-20　修补面层技术

适用地区：使用水泥混凝土铺装路面的村庄。

定义和目的：

- 维修损坏水泥混凝土路面的一种工艺。
- 解决路面出现的纵横裂缝、交叉裂缝、角隅断裂、板底脱空、局域沉降、露石、坑洞、坑槽、挤碎、局部松散和错台等一系列问题，使道路路面平整，保护路基。

技术特点与适用情况：修补面层即是对水泥混凝土路面做局部处理：

- 全深度混凝土补块用于：

(1) 角隅断裂，裂缝宽度大于 5mm，角隅段块上有裂缝者；

(2) 补丁或补块已损坏，其周围严重剥落或补丁或补块内产生裂缝者；

(3) 板拱起和破裂者。

全深度混凝土补块工艺流程

- 在水泥混凝土路面板去除前一天，沿指定的横向和纵向边界进行全深度切割；
- 去除水泥混凝土块；
- 垫层准备；
- 补块准备；
- 准备水泥混凝土材料；
- 摊铺水泥混凝土；
- 整平。

- 破碎板处理

（1）对于破碎的混凝土板，应清理基层后迅速浇筑混凝土，以防雨水浸泡基层；

（2）若基层沉陷较大（大于5cm），应先对基层用15号早强贫水泥混凝土抹平，再浇筑混凝土板。

（3）混凝土板的施工与一般混凝土路的施工工艺相同。

注意事项：

- 铣刨处理　对所有未经换板与补块的相邻旧水泥混凝土板表面进行铣刨处理，以增强修补块与旧水泥混凝土板之间的层间粘结力。

技术要点：
- 道路硅酸盐水泥是国家规定专门用于道路路面建设的标准水泥。
- 道路硅酸盐水泥分425，525，625三个标号。
- 合格的道路硅酸盐水泥初凝不得早于1h，终凝不得迟于10h。28天干缩率不得大于0.10%。
- 道路硅酸盐水泥可袋装或散装，袋装每袋净重50kg，包装袋上应清楚标明：工厂名称，生产许可证编号、水泥名称，商标，标号，包装年、月、日和编号。包装袋两侧也印有水泥名称和标号。散装水泥应提交与袋装标志相同内容的卡片。
- 水泥混凝土路面对水泥的要求是非常严格的，不是随便什么品种的水泥都可以使用，对于路用水泥的选择必须严格按照技术要求进行。
- 注意不要与"硅酸盐水泥"和"普通硅酸盐水泥"混淆。它们均不适合用于道路路面建设。
- 配制一般道路水泥混凝土（坍落度10～30mm，抗折强度设计值4.0～5.5MPa）时，合理的配合比是：水灰比0.40～0.50，单位用水量160～170kg/m^3，砂率32%～34%。
- 水泥混凝土集公称最大粒径不应大于31.5mm（碎石）或19.0mm（卵石）。砂的细度模数不宜小于2.5。
- 水泥用量不得小于300kg/m^3（非冰冻地区）或320kg/m^3（冰冻地区），冰冻地区的混凝土中必须掺加引气剂。

道路-21 加铺层技术

适用地区： 使用水泥混凝土铺装路面的村庄。

定义和目的：

- 当旧混凝土路面的损坏状况和接缝传荷能力评定等级为中级以上时，维修损坏水泥混凝土路面的一种工艺。
- 解决路面出现的纵横裂缝、交叉裂缝、局域沉降、露石、坑洞、坑槽、挤碎、局部松散和错台等一系列问题，使道路路面平整，保护路基。

技术特点与适用情况：

- 分离式混凝土加铺层　当旧混凝土路面的损坏状况和接缝传荷能力评定等级为中或次级时，可以考虑采用分离式混凝土加铺层方式整修路面：

加铺层铺筑前应更换破碎板，修补裂缝，磨平错台，压浆填封板底脱空，清除夹缝中失效的填缝料和杂物，并重新封缝；

在旧混凝土面层与加铺层之间应设置隔离层，隔离层材料可选用沥青混凝土、沥青砂或油毡等，不宜选用砂砾或碎石等松散粒料，沥青混合料隔离层的厚度不宜小于25mm；

加铺层可采用普通混凝土、钢纤维混凝土、钢筋混凝土和连续配筋混凝土。普通混凝土的厚度不宜小于180mm；

分离式混凝土加铺层的接缝形式和位置，按新建混凝土面层的要求布置。

- 结合式混凝土加铺层　当旧混凝土路面的损坏状况和接缝传荷能力评定等级为优级，面层板的平面尺寸及接缝布置合理，路拱横坡符合要求时时，可以考虑采用结合式混凝土加铺层方式整修路面：

清除接缝中失效的填缝料和杂物，并重新封缝；

采用铣刨、喷射高压水或钢珠、酸蚀等方法，打毛清理旧混凝土面层表面，并在清理后的表面涂敷胶粘剂，使加铺层与旧混凝土面层结合成整体；

加铺层的最小厚度为25mm；

加铺层的接缝形式和位置应与旧混凝土面层的接缝完全对齐，加铺层内可不设拉杆或传力杆。

- 沥青加铺层　当旧混凝土路面的损坏状况和接缝传荷能力评定等级为优良或中时，也可采用沥青加铺层：

加铺层铺筑前应更换破碎板，修补和填封裂缝，磨平错台，压浆填封板底脱空，清除旧混凝土面层表面的松散碎屑、油迹或轮胎擦痕，剔除接缝中失效的填缝料和杂物，并重新封缝；

沥青加铺层的最小厚度宜为70mm。

- 增强型沥青加铺层　当旧混凝土路面的接缝传荷能力评定等级为中时，应根据气温、荷载、旧混凝土路面承载能力、接缝处弯沉差等情况选用下述增强措施：

增加沥青加铺层的厚度；

在加铺层内设置橡胶沥青应力吸收夹层、玻璃纤维格栅或者土工织物夹层；

沥青加铺层的下层采用由开级配沥青碎石组成的裂缝缓解层；

在沥青加铺层上，对应旧混凝土面层的横缝位置锯切横缝；

沥青加铺层的最小厚度宜为70mm。

3.1.2　沥青路面的整治

道路-22　沥青铺装路面整治技术

适用地区：使用沥青铺装路面的村庄。

定义和目的：

- 对用沥青作结合料铺筑面层的路面进行整治的工艺。
- 沥青路面铺筑在柔性基层或半刚性基层上，与砂石路面相比，沥青路面强度和稳定性要高一些，但与水泥混凝土路面相比，沥青路面容易出现开裂和变形。
- 解决路面出现的纵向或横向裂缝、网状裂缝、块状裂缝；沉陷、车辙、搓板、推移和拥起；剥落、松散、坑槽和泛油等一系列问题，使道路路面平整，保护路基。

技术特点与适用情况：
- 涂胶防水：路面出现网裂，没有明显变形，也未出现唧浆，可采用修补胶薄薄涂一层，防止水的渗透。
- 裂缝灌热沥青：路面出现裂缝但未出现明显错台（在 5mm 以内），也无啃边现象，可采用灌热沥青的办法作防水处理。
  (1) 清缝（用吹风机和铁钩清除缝中杂物）；
  (2) 用灌缝机把加温到 130℃以上热沥青缓慢向缝中灌注；
  (3) 待沥青冷却到约 60℃时，铲除表面多余沥青。
- 热烘、掺料和补强：沥青面层上面层出现龟裂、蜂窝 1~2cm 以内车辙等路面变形不严重的点，可采用修路王热烘，适当添加新料，人工搅拌均匀，压实补强。
  (1) 划定修补范围；
  (2) 热烘有病害路面使温度达到 100℃以上（铁铲能铲动）；
  (3) 用铁耙将有病害路面表面耙松并铲除表面大集料；
  (4) 添加新料→梳拌均匀→碾压密实；
  (5) 冷却到地表温度在 50℃以下、脚踩不软时放行交通。
- 挖补分层填筑：路面病害已经波及中下面层，乃至基层，必须挖除，分层填筑。
  (1) 划定维修范围；
  (2) 沿范围四周锯缝；
  (3) 凿除病害层；
  (4) 清除废料；
  (5) 高压吹风机将修补界面吹净；
  (6) 洒粘层油布满界面；
  (7) 分层填筑（厚度不大于 6cm）；
  (8) 分层压实，压实度要在 95%以上；
  (9) 用冷补胶涂四周接缝；
  (10) 冷却到 50℃以下时放行。

注意事项：
- 合理配合沥青混合料，如油石比较大，已铺筑的路面会产生壅包和泛油；油石比较小，路面会出现松散；矿料的质量不好，集料的压碎值和石料的抗压强度太差和细长扁平颗粒含量过高，使路面混合料的稳定度降低；
- 对路基实施彻底换填或挤淤，提高路基填筑密实度不稳定、稳定路堤的沉降；
- 合理确定摊铺面；
- 碾压铺筑后沥青面层；
- 选择适当的沥青种类及标号，提高路面抗疲劳破坏能力；
- 保证沥青混合所需矿质原材料的质量。

产品推荐：

在市场有一些修补沥青面层损坏的产品，可以供村庄修补沥青路面使用：

沥青再生路面修复剂是一种高科技道路预防性养护材料，刮涂于沥青路面，形成薄膜涂层。可充分的渗入沥青混凝土孔隙和微小裂缝，对其进行浸润、粘结、修复、激活老化的沥青角质、恢复增强原有性能、停止沥青老化，从而起到良好的激活、修复、防水作用，延缓沥青路面老化，提高道路使用寿命；它可承受荷载而不被破坏，可增强沥青路面的耐磨性，并美化路面；起到综合的预防性养护；减少中小维修延缓大修，使用一次沥青再生路面修复剂可延长沥青路面服务年限，节约养护费用。它使沥青混凝土结构具有持久的防水功能，更好的密度及抗压度为沥青路面补油、防水，修复轻微裂缝；它在刮涂后形成新的保护膜，有效隔离空气、水、紫外线对沥青路面的伤害，有效避免过早氧化、开裂、收缩和分离松散等路面病害；同时还能有效地阻止酸性物质、油渍和融雪剂对混凝土的侵蚀。

路面冷灌缝修补剂是一种道路养护材料，它可以及时修补沥青路面的裂缝。与传统的热沥青灌注相比，路面冷灌缝修补剂无需加热、无需开缝，施工速度快，开放交通快，养护成本低；它渗透力好、粘结强度高、抗剪切力优良、耐温、抗冻、冷施工，操作简单，不会因热胀冷缩引起的裂缝位移而脱离裂缝；它塑性好，在缝隙变大时它的内应力比较小，延伸率高、容易产生塑变，可以减小对缝壁的牵引力，有效地防止新的裂缝产生；它流动性能好，灌注深度大，增大缝隙的粘合面，又保持完好的路面原始外貌；它施工方便，使用范围宽广，设计填补最宽14mm的路面裂缝。

道路-23　沥青铺装路面施工监控技术

适用地区：计划使用沥青铺装路面的村庄。

定义和目的：
- 作为甲方的村庄在沥青铺装路面施工过程中实施监控的办法。
- 把沥青铺装路面病害消除在建设中。

注意事项：
- 选用具有良好的高低温性能、抗老化性能、含蜡量低、高黏度的优质沥青；
- 选用表面粗糙、石质坚硬、耐磨性强、嵌挤作用好、与沥青粘附性能好的集料；
- 准确提供当地的气候条件和交通情况，优化道路设计人员的设计，改善矿料级配，改善沥青结合料；
- 严格控制路基的填筑工艺，确保路基强度；
- 严格按规范监督沥青混合料拌合时间、出厂温度、摊铺温度、碾压成型等温度，合理安排工期，避开不利天气施工。

3.1.3　块石或碎(砾)石路面的修筑

使用块石或碎(砾)石铺装村庄主要道路自古有之，而且被我们勤劳而充满智慧的能工巧匠们发展到了极致(图3-4)。但是，随着汽车和现代建筑材料的发展，使用块石或碎(砾)石铺装村庄主要道路一段时间里被视作贫穷落后的表现，而那些旧时代留下的一些古道，也被荡涤殆尽(图3-5)。

当然，随着乡村旅游业的发展，使用块石或碎(砾)石铺装村庄主要道路又时髦起来。不过，时过境迁，真正能够使用块石或碎(砾)石铺装村庄主要道路的也只有那些有石料资源的村庄，那些历史文化名村(图3-6)，那些富裕起来的村庄(图3-7)。

较之于使用水泥或沥青铺装村庄主要道路的村庄而言，使用块石或碎(砾)石铺装主要道路的村庄凤毛麟角，而能够使用块石或碎

(砾)石铺装村庄道路的匠人打着灯笼也难找。尽管如此,我们需要报告的是,欧洲发达国家的城市和乡村至今还保留着大量古老的石头铺装起来的道路,他们甚至于扒了水泥路,还原石头路(图3-8、图3-9)。

图3-4　青州城里的古代的石板路

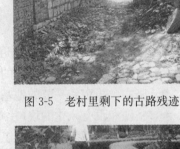

图3-5　老村里剩下的古路残迹

图3-6　历史文化名村中恢复起来的石路

图3-7　富裕村庄里的石路

图3-8　欧洲人至今还保留着大量古老的石头铺装道路

图3-9　欧洲人把旧沥青路拆了重建石头路

道路-24　块石或碎(砾)石铺装技术

适用地区：所有具有石料资源的村庄。

定义和目的：
- 使用块石或碎(砾)石铺装路面的传统工艺的总称。
- 使用块石或碎(砾)石铺装村庄主要道路路面旨在抢救、恢复和重建传统村庄风貌，增加水资源的涵养，保护生态环境。

技术特点与适用情况：
- 无论使用哪种石块铺装道路，路面的石块依赖于路基的承载力和石块与石块之间的摩擦力；
- 坚实、稳定和平整的地基；
- 坚硬和没有风化的块(片)石；
- 修筑石头路面的常规施工工艺采用浆砌法和干浆法。

道路-25　浆砌和干砌技术

适用地区：所有具有石料资源的村庄。

技术特点与适用情况：
- 选材
  (1) 石材通常有花岗石、石灰岩及砂岩等。石块最好有两个大面，最小边长应大于12cm，厚度与路面厚度大致相等；
  (2) 选用合格的普通水泥或矿渣水泥，煅烧均匀的生石灰，质地坚硬、洁净的天然中粗砂。
- 画线　确定铺筑路面中线位置、路面宽度，定桩，挂出顶面砌筑线。
- 砌筑
  (1) 整理基层顶面，清理浮土，并洒水湿润；
  (2) 砂浆拌合，砂浆水泥与砂参考比例为1：3～1：7；砂浆干拌均匀后，再加水到湿拌均匀；
  (3) 先砌筑两边导向石，以控制标高、宽度，保证路面整齐、顺直；
(4) 纵坡路段从低处往高处依次砌筑，弯道路段从内侧向外侧依次砌筑；
(5) 分段砌筑，分段长度以 5~10m 为宜；
(6) 石块大面朝下，下面空隙较大的要用小石块支垫牢固；上面平整、下面稳定；厚度不够的石块可竖放，嵌挤紧密，边砌边填缝；
(7) 砌筑时必须坐浆，摆一块砌一块，石块错缝，不得有通缝，随砌随填缝，填缝砂浆饱满密实；
(8) 石块之间用水泥砂浆填充空隙，用木棒插实，较大空隙用铁锤将小的石头敲实；
(9) 水泥砂浆填缝。地势较高的路段可采用白灰砂浆填缝，也可用白灰掺红胶泥填缝，推荐比例为 1∶3~1∶5；或采用钛铁粉渣灌缝或矾石粉渣拌石灰灌缝等；
(10) 铺砌之后要禁止车辆通行，水泥砂浆填缝后的块石路要进行一个星期的养护，用洒水或土覆盖的办法，保证潮湿，确保块石路面的整体强度；
(11) 路面两侧设路肩，宽度不小于 0.5m；路肩可用砂砾配黄土或当地可利用的其他材料，不要使用腐殖土、黏土填筑。

注意事项：
- 无论采用哪种施工工艺，质量控制、管理、检查应该贯穿整个施工过程。
- 块石路面质量检查的内容是：厚度、平整度、缝宽、标高。平整度厚度允许误差不超过±3cm，宽度不得小于设计宽度，面层石缝不得大于 5cm。
- 路面修筑质量要求是：路面平整密实、直线直顺、曲线圆滑、水沟通畅、视线良好、设施齐全。当石块不稳定或有沉陷时，需要撬起，重新坐浆，把石块放入，再用小石块敲挤密实。
- 必须注意雨期施工质量。雨水过大，会使路基松软，垫层含水量增加，都会使铺砌层变形。尤其是石块缝隙还未嵌紧以前，遇到雨水灌入，不易排除，经碾压或行车冲击后，基层软弱部分容易出现翻浆；要边铺边嵌缝，不要隔夜填缝，以免夜间被雨水浸灌。

费用：

- 据目前预算标准测算，修建1km的18cm厚、4.5m宽的水泥路面造价约为20万元。
- 修建1km的25cm厚、4.5m宽的块石路面造价仅为10万元左右。

道路-26　碎石铺筑技术

适用地区： 所有具有石料资源的村庄。

技术特点与适用情况：

- 碎石路面可以参照沥青路面设计规范进行设计，一般采用碎石面层、砂垫层、基层和路基的道路结构。
- 当路基合乎标准，粗、细碎石集料和石屑混合比例符合密实级配要求，碎石通过嵌缝填隙压实时，路面比块石路面还要坚固耐久，适合中重型车辆通行，易于翻修、养护。
- 对于那些生产石材、砂材的村庄，通过村庄整治，把散落四处的碎石收集起来，利用它们铺筑路面，更是便捷便宜。
- 使用碎石铺筑路面比起块石来当然要经济得多。
- 选材

  (1) 要求用材质坚硬，抗压强度不得小于300MPa的天然石料；

  (2) 碎石料长、宽、高一般分别采用10～15cm、7～12cm和12～14cm的规格，顶面积约90～150cm^2，底面积约60～130cm^2，相对均匀；

- 画线　在铺砌前，沿路中线每隔5～10m定横断各点桩，桩高应较路面标高高3～4cm。确定铺筑路面中线位置，挂出顶面砌筑线；
- 路基　碎石路面基层一般采用级配碎石；

- 路沟　碎石路面应保证排水通畅,避免发生积水现象;对潮湿路基地段要设横向排水盲沟,加深排水沟深度;
- 修筑
  (1) 用坚硬的、级配良好的中、粗砂摊铺砂垫层;垫层砂原料以中、粗砂为主,细砂含量不大于15%,含泥量控制在10%以内,不能使用细砂、粉砂、黏土,砂垫层压实厚一般为3~5cm;在铺砌碎石工作前10~20min摊铺,完成后用轻型压路机略加滚压;
  (2) 碎石路面的平整度是靠拉线来控制,较大石块作缘石,中心用小块石,石块大面朝上,垂直嵌入砂垫层中,长边垂直于路中心线,弹石间错缝铺砌。在纵坡大于1%时,由低端向高端铺砌;
  (3) 碎石路面铺好后,即撒布粒径为1~5mm级配良好的中砂于其上。随后进行碾压,碾压遵循先轻后重、先慢后快的原则,在缝内未塞嵌缝料时,决不允许滚压;
  (4) 撒铺粒径为5mm以下中砂或石屑一层,厚度为1~2cm,即可放车通行,不需养生期。

注意事项:
- 做好排水设施,及时填补嵌缝料和更换出现沉陷的碎石;
- 碎石铺筑路面比起沥青路面和水泥路面更能够反映出乡土特色。尤其在保护生态环境、恢复植被和涵养水资源方面,要比沥青路面和水泥路面优越得多。

费用:
- 据目前预算标准测算,碎石路面每公里的建设成本为10~15万元,所以,碎石路面造价低于沥青路、水泥路;
- 碎石路面的养护费用是沥青路面的40%,比砂石路面还低约40%。

3.2　次要道路路面

《村庄整治技术规范》对村内次要道路路面的宽度、车道和用材做出了如下规定：
- "次要道路路面宽度不宜小于2.5m。路面宽度为单车道时，可根据实际情况设置错车道。
- 路面铺装宜采用沥青混凝土路面、水泥混凝土路面、块石路面及预制混凝土方砖路面等形式"。

在推进新农村建设中，一些集体经济条件比较好的村庄，开始铺装了村庄里一部分次要道路。

一般情况下，这些次要道路基本上还是按照村庄主路的铺装模式，被铺装成了水泥路面。

图 3-10　没有铺装的土质次要道路　　图 3-11　铺装了的村庄次要道路

当然，大多数村庄的次要道路依然是土质的，没有铺装。
这些被水泥铺装起来的次要道路存在一些共同的问题：
- 地基厚度基本没有达到水泥路面需要的15cm规范要求；
- 通常满打满铺没有相应建立的排水沟；

图 3-12　从这个拉锁的路面，我们　　图 3-13　没有相应建立的排水沟
　　　　可以大体观察到路面
　　　　　　和路基的状况

图 3-14 没有路缘石，露肩以及对路面与墙基做出划分

- 没有路缘石，路肩以及对路面与墙基做出划分；
- 路面经常由于地下管网的修理而遭到破坏；
- 次要道路色彩和阳光反射程度不适应街头休闲。

这些问题恰恰是我们在村庄次要道路路面整治时需要认真加以解决的问题。当然，村庄内部道路路面的独特性不是凭空捏造出来的，而需要遵循村庄本身的形体特征去创造。

在决定我们使用何种材料、究竟采用柔性还是刚性铺装方式铺装次要道路路面时，一般需要考虑4类因素：

- 次要道路车辆通行状况；

> **交通量**：一定时间间隔内通过道路某一断面的车辆总数。
> **平均日交通量**：每昼夜通过道路某一横断面的车辆总数。
> **交通量观测方法**：
> (1) 直接记录不同类型车辆的通行次数；
> (2) 轴载谱调查。

- 次要道路上供车使用和供行人使用部分如何划分；
- 道路所经地区的特征；
- 铺装价格。

3.2.1 砖路面

道路-27 砖路面铺筑技术

适用地区：所有村庄，特别是缺水地区，需要补充地下水的地区。

定义和目的：
- 使用各种类型砖铺筑路面的传统工艺。
- 在使用各种类型砖铺筑路面时，可以根据周边住宅的色彩和风格，选择褐色、红色、青色等色彩的砖头，按照异彩纷呈的图案或质感铺装出来。
- 使用砖砌铺装村庄次要道路路面旨在增加水资源的涵养，保护生态环境。

图 3-15　砖铺筑而成的路面

标准与做法：

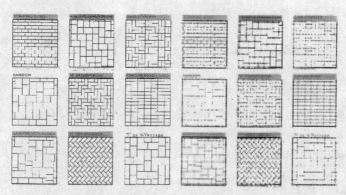

图 3-16　各种铺装图案

- 路基应做到平整、稳定、密实、排水良好。路基的横坡应和路面横坡相同，路基施工采用推土机，碾压时其虚铺厚度不大于 15cm。
- 每平方米砖用量大约为 74 块，运输、施工损耗为 5%，因此，每平方米用砖数量约为 77 块。
- 铺装分为 12 个步骤（以铺成"人"字形路面为例）：
  (1) 摆砖时，应以路中心为基准线向两边摆放。摆放第一趟时，第一块砖顶角与路中心线成 45°，第二块砖侧立面与第一块砖立面垂直连接而形成"人"字形，第一块砖侧立面与第二块砖立面为同一平面；
  (2) 中线先摆放第一趟"人"字形砖约 30～50m，摆放时，每块砖的侧面与前一块砖侧面应紧密连接；
  (3) 第一趟砖摆放后，在两边同时摆砖。新摆放砖的侧立面与已摆放好砖的立面连接而形成两趟倒"人"字形；
  (4) 继续在两侧摆砖，形成三趟"人"字形；
  (5) 一个"人"字形摆放后的宽度为 0.372m，横向"人"字形的个数为 N，砖砌路面施工宽度等于 $0.372N$ 加 2 倍边线砖宽度；
  (6) 砖在摆放时，砖的立面和侧立面与其他砖连接要紧密，尽量减小砖面之间的间隙；
  (7) 砖砌路面在摆放时，如局部路基不够平整而影响砖砌路面的平整度，应用沙土进行调平，并用木锤夯实；
  (8) 在砖砌路面达到宽度后，应在两侧铺筑边线砖。边线砖铺筑时，砖与砖之间应密实，边线砖的横坡、平整度与路面相同；
  (9) 为了控制路面宽度，一般可先摆好两侧砖 30～50m；
  (10) 砖砌路面边缘与边线砖、构造物衔接处的三角形空隙，应根据空隙大小用相同规格的砖填实；
  (11) 砖砌路面铺筑结束后，在路面上均匀铺撒 0.3～0.5cm 沙土，用扫帚将沙土均匀扫到砖缝中，同时开放交通。待沙土全部灌到砖的缝隙内，再重新均匀铺撒沙土，继续将沙土扫到砖缝内。一般铺撒 2～3 次，即可将砖缝灌满；

(12) 铺筑结束后铺好路肩，以保证边线砖的稳定。

- 砖砌路面比沥青、水泥路面建设成本低、施工工艺简单、养护方便、维修简单，使用周期长，可以充分利用当地材料。
- 砖砌路面不妨碍轻轴载交通及农用运输机械的使用，如12～18马力拖拉机、三轮车、中小客车、轻型货车。尤其是在集体经济比较薄弱的地区，可以使用砖头铺装次要道路。
- 砖路建设费用：铺筑长1000m、宽5m的路面，砖砌路面造价约10万元，远低于沥青和水泥路面的造价。

3.2.2 水泥混凝土块路面

道路-28 预制水泥混凝土块路面铺筑技术

适用地区： 所有村庄。

定义和目的：

- 使用较高强度的预制水泥混凝土块铺筑路面的工艺。
- 使用预制水泥混凝土块铺装村庄次要道路路面旨在增加水资源的涵养，保护生态环境。

标准与做法：

- 水泥混凝土块一般为正六边形，厚度在10厘米以上，借助块件之间的嵌挤作用扩散荷载。
- 路面结构为：混凝土块、嵌挤缝、垫层、卡边路缘石。水泥混凝土块路面具有铺筑简单、利于修补的特点。
- 预制混凝土块铺装路面施工分为4个步骤（以铺成"人"字形路面为例）：

    (1) 预制混凝土块应满足强度和厚度要求，平面几何尺寸符合设计要求，铺面平整、嵌缝密实。

    (2) 基层应坚实、平整。

    (3) 垫层厚度通常为2.5～3.5cm，一般用砂作垫层材料。

铺设前过筛，去掉5mm以上粒径的砂，且砂的含泥量不得大于5%。用于车行的部分，垫层采用1:3干拌水泥砂浆铺设。
(4) 嵌缝用砂应过筛去掉2.5cm以上粒径的砂，采用小型振动器灌砂，嵌缝灌砂直至密实为止。

道路-29　现浇水泥混凝土块路面铺筑技术

适用地区：所有村庄。

定义和目的：

- 在平整的基层上，使用一种专用工装模具，并配有嵌缝板，现浇混凝土块的道路施工工艺。
- 使用现浇混凝土块的道路施工工艺铺装村庄次要道路路面旨在增加水资源的涵养，保护生态环境。

标准与做法：

- 模具和材料：

  (1) 首先制作六边形模板，其边长在1525cm之间、厚度在10~16cm之间；考虑日常养护方便，其边长不宜大于25cm，模具采用钢板与角钢制作，也可采用木板包铁皮形式。模板为正六边形半块状，弯道段的变形模板为滑动式正三角形。嵌缝板根据六角块边长及厚度，采用纤维板、合成板、油毡、木板等加工成长方形，在现浇时嵌入混凝土块间；

  (2) 密实的基层平台，并有较好的封水性，基层采用水泥稳定砂砾结构，厚度为10~15cm；

  (3) 混凝土块抗压强度可选择控制在20~25MPa。同时，按选定的强度确定水泥、石子、砂、水的配合比；

  (4) 采用强制式搅拌机和振捣棒，也可以采用滚筒式搅拌机和振捣棒。

- 现浇工艺：

  (1) 清扫整平基层表面并洒水；

(2) 按路面施工图几何尺寸及技术要求放样画线做标记；
(3) 安置现浇混凝土块路面的专用工装模具；将专用模具的两个部件卡边模板和现浇模板均用钢钎和夹紧工具固定在基层上，并在混凝土块形状的凹腔内壁上粘贴嵌缝板；
(4) 将搅拌好的混凝土混合料填充到已粘贴在嵌缝板的凹腔内；
(5) 用振捣器振捣混凝土浆料，使现浇的混凝土密实；
(6) 使用压面工具对混凝土块进行压面作业；
(7) 相邻混凝土块之间的高差不大于3mm；
(8) 使用保湿的防护帘（罩）对混凝土块进行养护；
(9) 对已按养护规范进行养护，并可卸走模具的混凝土块拆模，即移动现浇模板；
(10) 继续对已拆模的混凝土块按养护要求完成养护工作；重复以上工艺步骤，即可完成现浇嵌挤式混凝土块路面。

3.2.3 拼合铺装路面和路缘及道牙

道路-30 拼合路面铺筑技术

适用地区：暂时没有编制乡村建设规划，开始建设道路，而上下水管道工程尚无计划的村庄。

定义和目的：
- 在同一路面上采用柔性和刚性路面材料拼合铺筑路面的工艺。
- 节约许多资金，特别是在公共工程设施需要改造时，刨开柔性路面，还是易于恢复。
- 节约道路用材、降低道路整体造价，增加水资源的涵养。

技术特点与适用情况
- 次要道路上的实际车辆数目和荷载需要不同于主要道路；

- 适当分解次要路面的铺装面:
(1) 行车部分混凝土及其预制件构成的刚性路面。
(2) 人行部分使用由砾石、砖头、沥青之类材料构成的柔性路面。
(3) 使用花岗石材料,行车部分厚,人行部分薄。

注意事项:
- 十分认真地处理好不同路面材料的拼接和排水,保证不损坏路基。
- 村庄暂无乡村建设规划指导,或者地方政府支持的各项公共资金安排时序不一致,应当选择柔性和刚性铺装拼合路面。在道路建设上,为可持续发展留下余地。减少重复建设和浪费。
- 一些村庄修好了路,又来安装自来水或下水管道,把修好不久的道路中间或某一边刨开,埋上管道后再用各种材料铺装回去,如在刨开的水泥路面中,锲入碎石,无意中形成了不规范的柔性和刚性铺装拼合路面。
- 这类刨开的水泥路面受到了难以复原的损伤,更严重的是,随意补上的砂石不能很好地排水,从而会完全损坏路基(图 3-17)。

图 3-17 受到了的损伤的水泥路面难以复原,
随意补上的砂石不能很好地排水,会完全损坏路基

道路-31 铺设路缘及道牙技术

适用地区：所有村庄。

定义和目的：

- 铺设路缘及道牙的做法。
- 路缘及道牙把雨水阻止在排水槽里，以保护路面边缘，维持各铺砌层，防止道路横向伸展而形成结构缝，控制路面排水和车辆，保护行人和边界，标志不同路面材料之间的拼接（图3-18）。

图3-18 路缘及道牙

- 改变以建设农村公路的方式建设村庄居民点内部道路。

标准与做法：

- 在选择铺装道牙及路缘材料时，应尽可能考虑周围立面的特征，提高道路空间的乡村风貌。
- 竖立的道牙可以使用预制混凝土、砖块或地方材料，如花岗石、暗色岩、砂岩、再生石等。
- 路缘可用卵石、小方形砌块、现浇混凝土、沥青和松散材料（包括砾石、较大石块和松散的卵石）等等埋入混凝土。
- 在铺装道牙及路缘材料时，道牙基础宜与地床同时填挖碾压，以保证有整体的均匀密实度。结合层用1∶3的白灰砂浆2cm，使道牙平稳、牢固；
- 再用M10水泥砂浆勾缝，道牙背后要用灰土夯实，其宽度为50cm，厚度为15cm，密实度为90%以上。
- 我们也可以扩宽路缘和路牙之间的空间。在此空间内铺设柔性路面，而在柔性路面边缘再铺设路牙（图3-19）。

注意事项：

- 可以用于柔性铺装路面的材料很多，从有机的自然物质到人工的产品：

图 3-19 扩宽路缘和路牙之间的空间,在此空间内铺设柔性路面,而在柔性路面边缘再铺设路牙

(1) 砾石是一种常用的柔性铺装路面材料。砾石包括了3种不同的种类:机械碎石、圆卵石和铺路砾石。由碎石和细鹅卵石组成的天然材料,铺在黏土中或嵌入基层中,通常设有具一定坡度的排水系统。
(2) 沥青也是一种常用的柔性铺装路面材料。沥青中性的质感是植物造景理想的背景材料,而且运用好的边缘材料可以将柔性表面和周围环境相结合。
(3) 嵌草混凝土砖也是目前普遍使用的刚性路面的软性拼贴部分。在铺装它时,先在碎石上铺一层粗砂,然后在水泥块的种植穴中填满泥土和种上草及其他草类植物。

- 大多数柔性材料的铺装要比硬性材料经济得多,而且具有透水性和涵养水资源。所有这些柔性材料都具备适当的弹性,车辆经过时会将其压陷,而在车辆过后,它又会恢复原样。
- 在村庄次要道路中铺设一部分柔性材料地面时,土质基层充分压实。

3.3 宅间道路路面

宅间道路是村民宅前屋后与次要道路的连接道路,以步行、服务和村民人际交流功能为主(图3-20)。

《村庄整治技术规范》规定:

"宅间道路路面宽度不宜大于2.5m。路面铺装宜采用水泥混凝土路面、石材路面、预混凝土方砖路面、无机结合料稳定路面及其他适合的地方材料。"

据调查,多数宅间道路是由那些比较富裕的村民自己铺装的,或者集体提供水泥村民自家铺装的。当然,村庄多数宅间道路路面还是土质的,没有铺装。可以预见,随着农村生活步入小康,宅间道路的建设也会跟上来。所以,关注那些铺装了的宅间道路路面设计问题十分必要:

- 路基路面强度不匹配;
- 排水系统不完善;
- 路面和住宅墙基界限不清;
- 路面选材不合理,造成两边建筑在色彩、图案或质感上缺少协调;
- 路面与其他相邻空间的铺装缺少相容性;
- 路面色彩和阳光反射程度不太适合村民在路上静态逗留;
- 路面被杂草侵蚀(图3-21)。

图3-20 典型的宅间道路　　　图3-21 宅间道路土质路面

3.3.1 石料路面

道路-32 石料路面铺筑技术

适用地区:道路排水条件不佳,且当地拥有石材的村庄。

定义和目的:
- 使用石料铺设宅间道路的做法。
- 采用当地石料铺装的柔性路面能够增强路面的透水性,保护平原地区农村的自然环境,涵养水资源,节约能源和工业建筑材料。

技术特点与适用情况:
- 刚性的水泥混凝土路面或预混凝土方砖路面与柔性的砾石、石块、沥青的路面受力特点不同,对基层的要求也存在差异:
  (1) 柔性的砾石、石块、沥青的路面面层薄而柔,主要是基层受力,对基层的强度、刚度和稳定性都有较高的要求;
  (2) 水泥路面面层厚而刚,主要是面层受力,需要基层具有水稳定性和抗冲刷能力。
- 路面路基刚柔相济,相辅相成,形成一个道路整体;
- 对于那些排水系统齐备的街巷,可以采用水泥路面;
- 对于那些排水条件不佳的街巷,采用柔性路面,级配碎石和填隙碎石路基;
- 坡度较大的山区村庄,硬料路面排水通畅;
- 平原村庄或平坦的村庄,若遇降雨,村庄内部易于内涝,所以,在路基坚实的条件下,采用透水砖块作住宅间道路路面。

标准与做法:
石块路面
- 用来铺装宅间道路路面的石料通常使用厚度在60mm以上的花岗岩天然石料或加工石料砌筑。
- 常用石料,如中国花岗岩系列的标准石料尺寸一般为600mm×300mm×60mm,只作凿面加工;
- 安山岩系列(白河石、茌野石)标准石料尺寸一般为:300mm×900mm×150mm,300mm×900mm×90mm,石料表面一般作拉道饰面和粗糙加工。
- 铺装做法:
  (1) 将基层处理干净,并保持湿润;
  (2) 按图案、颜色、纹理先试拼,编号排列,堆放整齐;

(3) 刷一层素水泥浆，水灰比为 0.4~0.5，随铺砂浆随刷；再铺设厚干硬性水泥砂浆结合层，干硬程度以手捏成团、落地即散为宜，面洒素水泥浆；厚度控制在放上板块时，宜高出面层水平线 3~4mm。铺好用大杠压平，再用抹子拍实找；

(4) 在垫层上弹上十字控制线或定出圆心点和分格弹线，控制板块位置；

(5) 根据设计标高拉好水平控制线；

(6) 先用水浸湿石板板块，擦干表面晾干后方可铺设；

(7) 依据编号图案及试排时的缝隙，在十字控制线交点开始铺砌，向两侧或后退方向顺序铺砌；

(8) 铺在已铺好的干硬性砂浆结合层上，四周同时着落，再用橡皮锤用力敲击至平整；

(9) 振实砂浆至铺设高度后，将板块掀起检查砂浆表面与板块之间是否相吻合，如发现有空虚处，应用砂浆填补；

(10) 在石板块铺砌后 1~2 天后，检查石板块表面无断裂、空鼓后，再进行灌浆擦缝；

(11) 根据设计要求采用清水拼缝，用浆壶灌入板块缝隙中，并用刮板将流出的水泥浆刮向缝隙内，灌满为止；1~2 小时后，用棉纱团原稀水泥浆擦拭缝隙和板面，同时将板面擦净；

(12) 擦拭缝隙后，覆盖面层，养护时间不小于 7 天。

水洗砾路面

- 砾石直径在 3~5mm，在混凝土层上摊铺厚 20mm 以上的 1:3 水泥砂浆层，铺筑厚度约为 30mm；
- 砾石直径在 12~15mm 时，面层铺筑厚度约为 40mm。
- 铺装做法：

(1) 路边缘要架模板，做出道路的范围；

(2) 洗石子层的水泥与石子配比是 1:1~1:1.5；

(3) 铺水洗石子层时，要用铁灰匙边推边压，把石子压入水泥之中，并使表面平整；

(4) 在涂上洗石子层1~2日后，浇筑混凝土凝固到一定程度时，用刷子将表面刷光，再用水冲刷，使大约半粒石子裸露出。

步石路面
- 采用自然石、加工石及人工石，如水泥砖、混凝土制平板或砖块等铺装步石宅间道路；
- 一般成人的脚步平均间隔是45~55cm，所以，石块与石块间的间距保持在10cm左右为宜，步石露出土面高度通常是30~60mm：

  (1) 铺设前，先从确定行径开始；在预定铺设的地点来回走几趟，留下足迹，并把足迹重叠成最密集的点圈画起来，石板就安放在该位置上；

  (2) 步石的尺寸可以采用300mm直径的小型块或500mm直径的大型块，厚度在60mm以上为佳；

  (3) 无论何种材质，最基本的步石条件是：面要平坦、不滑、不易磨损或断裂，一组步石的每块石板在形色上要类似而调和，不可差距太大；

  (4) 铺设步石时，先挖土、安置石块，再调整高度及石块间的间距。确定位置后就可填土，将石块固定，使踏在石面上不摇晃即可。

注意事项： 无论采用何种石料铺装宅间道路：
- 不要在石材与基层间留下空鼓。产生空鼓的原因主要是基层清理不干净，没有足够水分湿润，结合层砂浆过薄，结合层砂浆不饱满以及水灰比过大等。
- 砂浆虚铺一般不宜少于25~30mm。
- 石材坐实后，砂浆厚度不宜少于20mm。
- 准确掌握住宅或院墙变化或不规整间隔的净尺寸，严格控制选料尺寸，防止建筑物边缘出现大小头。
- 克服板块本身不平所造成的相邻两板高低不平的状况。
- 铺装后2天内严禁踩踏。

3.3.2 砂石和草皮路面

道路-33 砂石路面铺筑技术

适用地区：干旱地区，且当地拥有砂材的村庄。

定义和目的：
- 使用石料铺设宅间道路的做法。
- 采用当地石料铺装的柔性路面能够增强路面的透水性，保护平原地区农村的自然环境，涵养水资源，节约能源和工业建筑材料。

技术特点与适用情况：
- 砂石或碎石铺装宅间道路路面具有透水性好的特点，适合于干旱地区。
- 平原地区的村庄，或者处于山区中平地上的村庄，在道路纵向坡度大于3%的路面上，必须采取阻止砂石流失的措施，如设置踏步可降低坡度，还可以防止砾石、碎石流失。
- 砂石或碎石路面易生杂草，碎石还会嵌入地面。应采用打造混凝土基础或铺设透水层料等预防措施，阻止杂草生长。

标准与做法：砂石路面种类很多
- 5~10mm左右小砾石铺装的路面；
- 铺撒砂砾、新白川砂等砂石铺装的路面；
- 以火山砂石铺面的路面；
- 使用粒径50mm以下碎石铺装的路面。
- 铺装做法：
  (1) 清除路面的杂物，压实土基层；
  (2) 铺上透水层材料，如无纺布；
  (3) 再铺上50mm厚的砂石或者先铺上一层30mm厚13~15mm直径的碎石，再铺上20mm厚5mm直径的第二层碎石；
  (4) 每铺一层，都要做碾压。

道路-34 草皮路面铺筑技术

适用地区：所有没有干旱到寸草不生的村庄。

定义和目的：
- 使用草皮铺设宅间道路的做法。
- 在村庄里使用透水性草皮路面等透水性强的路面铺装，可以实现雨水涵养和维护生态环境。

标准与做法：
- 草皮路面可以分草皮保护垫的路面和使用草皮砌块路面两类：
  (1) 草皮保护垫是一种保护草皮生长发育的开孔垫网，由高密度聚乙烯制成，耐压性及耐候性强。这类保护垫可以保护草皮，不用担心少量行人践踏和车辆的碾压，所以，适合于宅间道路的铺装。
  (2) 草皮砌块路面是在混凝土预制块或砖块的孔穴或接缝栽培草皮，使草皮免受人、车直接踏压的路面。
- 规范的草皮路面铺装做法是：
  (1) 压实土层；
  (2) 铺装 100～130mm 的级配石；
  (3) 铺装薄薄的一层碎石筛屑；
  (4) 铺上草皮保护垫；
  (5) 铺上 70mm 厚的优质土；
  (6) 再铺上整片草皮，$0.1kg/m^2$；
  (7) 最后铺上 10mm 过筛的优质腐殖砂黏土。
- 规范的草皮砌块路面铺装做法是：
  (1) 压实土层；
  (2) 150mm 密实碎石垫层；
  (3) 铺装 20mm 的砂垫层；
  (4) 放置水泥预制块；
  (5) 向水泥预制块中填充混合有机肥料的优质土；
  (6) 在土上铺上整片草皮，$0.1kg/m^2$；
  (7) 最后铺上 10mm 过筛的优质腐殖砂黏土。

3.3.3 改造土质路面

道路-35　土质路面改造技术

适用地区：集体经济薄弱的村庄。

定义和目的：
- 改造宅间土质道路的做法。
- 在没有资金硬化宅间道路的条件下，发动村民对村庄内部土质宅间道路做一些改造，可以在一定程度上改善村庄居住环境。

标准与做法：
- 修筑边沟，提高道路路面的排水能力。
- 在此基础上，可以采用多种方法提高土质路面的功效。

复合固结土　使用土质固化剂和路面基层胶结材料，按照科学配比，将土固结成板体，暂用复合固结土路面基层基作为路面使用。

- 复合固结土是用细粒土为基本材料，使用土质固化剂，所以，与传统路面基层建筑费用相比，它可降低成本 15%～40%；
- 一般情况下，复合固结土饱水（7 天）抗压强度可以达到 1.08～2.54MPa；
- 复合固结土抗弯拉强度也达到 0.51～0.81MPa；
- 复合固结土试件在常温下饱水 180 天不散解。

三合土　由黏土、熟石灰和砂混合而成的三合土路面。

- 在配比中，熟石灰占 30%，而土与砂的份量依据泥土含砂量而定。泥土含砂量大，则砂量就要减少；
- 石灰应该充分熟化过筛，粒径不要大于 5mm，不要含有生石灰块；
- 砂应选用中砂，剔出草根等有机物；
- 夯实路面。

宅间道路铺装材料一览

沥青：
- 沥青路面
- 透水性沥青路面
- 彩色沥青路面

混凝土
- 混凝土路面
- 水洗小砾石路面
- 卵石铺砌路面
- 混凝土板路面
- 彩板路面
- 水磨平板路面
- 仿石混凝土预制板路面
- 混凝土平板瓷砖铺面路面
- 嵌锁形砌块路面

砖
- 烧结普通砖路面
- 砖砌块路面
- 花砖
- 釉面砖路面
- 陶瓷马赛克路面
- 透水性花砖路面

天然石
- 小料石路面
- 铺石路面
- 天然石砌路面
- 砂砾
- 现浇环氧沥青塑料路面
- 砂石铺面
- 碎石路面
- 石灰岩粉路面

砂土
- 砂土路面
- 土
- 黏土路面
- 改善土路面

草皮
- 透水性草皮路面

4 村庄内部道路其他部分

在我们的村庄里，路基和路面只是道路的一部分，即用于车辆交通和人通行的带状空间。实际上，村庄内部道路还有另外的一部分，即用于满足我们社会生活需要的空间带：
- 步行带：承担人际交流功能的人行通道；
- 设施带：设置村庄公共工程设施的道路退红空间；
- 种植带：夏天可以躲荫歇凉的树木，冬天可以堆雪的位置；
- 路缘石：人行道与路面之间的分界；
- 暂避灾祸的场所（图4-1）。

图4-1 暂避灾祸的场所

- 我们不会把杂物堆到道中间，却可以把它塞满路旁的所有三种带状空间；
- 汽车好走了，人行却多了一些危险；

- 路硬了，夏天确实太热，冬天又显得有些冷；
- 道宽了，路旁立面所反映出来的乡土特色似乎正在褪去。

4.1 人行道

现在，人行道不再是城里人的专利，一些村庄也在建设村庄主要道路的同时，专门为村里人铺设了人行道（图4-2）：

图4-2 村庄的人行道

- 人行道通常是用砖石、水泥块、沥青、石头、甚至砂石等路面材料铺设；
- 人行道宽度一般在0.75m以上；
- 有些人行道与机动车道之间隔着草地或者树木；
- 人行道与马路之间有阴沟和下水道来排泄雨水；
- 人行道上有路灯、垃圾箱、邮筒等公共设施；
- 一些人行道上还有树木、花草和供行人休息的板凳。在有些村庄道路两旁的店铺还在人行道上放置货摊和椅子；
- 人行道的地基不一定有主要道路那么坚固，有的人行道直接建筑在原有石路或者土路上。

村里建设人行道无疑是农村城镇化的一大进步。一般来讲，人们在人行道上的活动分为三类：必要性活动，如劳作、穿行、上学、购物等；自发性活动，如散步、观景、闲坐、老人或母携儿童玩耍等；社会性活动，如聊天交谈、儿童游戏、下棋、朋友聚会等。

如果人行道和公共空间的环境质量提高了，必将大大促进自发性以及社会性活动的增加。当然，我们还是需要坚持实事求是、因地制宜、科学规划设计、勤俭办事的原则，不要盲目攀比城镇人行道的尺度、形式和风格，保持我们特有的乡土特色。

4.1.1 人行道宽度

村庄只需要在进入村口以后和有人居住段落上的主要道路两旁修筑人行道（图 4-3）。那些没有规划主要道路的村庄，就不要建设城市型的人行道。如果村民有聚会聊天的习惯，可以在次要道路旁建设若干段乡村型、兼做公共场所的人行道。

图 4-3　没有人居住的地方没有必要铺设人行道，有路肩即可

村庄主要道路两旁城市型人行道的宽度是根据道路规划退红宽度、村庄人口数、公共设施的布局等要求而设置的。规划退红宽度可能要比人行道宽，但是，不一定全部铺装成为人行道。规划退红中的一部分可以要用于植树，而另一部分可以用于设置公共工程设施。

实际上，人口在 500~1000 人的村庄，村庄内部主要道路旁的人行道宽度一般有 1m 比较合理。因为，既是在通行最繁忙的一个小时里，也很难达到 250~500 人同时使用一条人行道；同时，人行道宽与路面宽度之间的合理比例为 1∶5。

4.1.2 人行道铺装

道路-36　人行道修筑技术

适用地区：所有村庄。

定义和目的：
- 修筑人行道的方法。
- 提高作为公共空间的人行道的修筑质量。

标准与做法：

结构组合

人行道的铺面结构一般由基层、垫层和面层构成，也可以根据土基条件、面层和基层材料的特性采用面层、基层的结构形式。
- 基层：可以采用柔性、刚性或半刚性基层，如土质、碎石、水泥混凝土等，以扩散面层荷载应力。柔性地面采用刚性地基；反之，刚性地基采用柔性地面。
- 垫层：可以采用级配碎石、矿渣、路面旧料等，以调整地基水温、排水、隔温和稳定地基。
- 面层：采用石材、砖块，透水砖块、水泥预制块等材料，达到坚实、平整、抗滑的要求。
- 整平层：在使用石材、砖块，透水砖块、水泥预制块等材料做面层时，需要整平层调平。

结构层厚度
- 土基　人行道土基需要先期清理，填筑碾压，达到压实、均匀和稳定的程度，即轻型击实标准的90%。如果地基下有管道系统，管线顶部厚度不要小于700mm。
- 基层　基层分为柔性基层、刚性基层、半刚性基层三类：
  (1) 柔性基层：土基好、能够充分碾压或要求具有透水功能的路段，可以使用柔性地基，而使用石材或砖头做人行道的路面，不要采用柔性基层。基层材料为砂石、级配石及碎石。
  (2) 刚性基层：土基软、有地下管线、不能充分压实的地段，需要使用刚性地基。使用石材、砖头铺面时，应采用刚性基层。刚性基层使用水泥混凝土，水泥混凝土强度等级为C15～C25，横向缩缝间距4～6m。
  (3) 半刚性基层：适用于各类土基，使用水泥稳定碎石、石灰粉煤灰水泥稳定碎石作为基层材料。但是，不要用于使用石材、砖头铺面的人行道。
  (4) 透水性水泥稳定碎石基层：地处规划的水源涵养和生态保护地区的村庄。当然，在地下水位高，路基排水不好的土基条件下，不要适用透水性水泥稳定碎石基层。透水基层应当与透水面层配合使用，同时做好内部排水设计。

- 垫层　一般柔性面层无需垫层，但是地下水位高、地基通常处于潮湿状态的路段，应当铺设垫层，保证人行道铺面的稳定和结实。垫层一般使用级配石、矿渣或旧路面材料。
- 面层　应当更多地考虑使用地方材料来做人行道的面层，如石材、砖块，透水砖块。在没有适当地方材料的情况下，才考虑使用水泥预制块。在使用石材和砖块铺装时，可以参考路面章中有关章节，铺出图案来。特别是要注意地面色彩与周围建筑物色彩的协调性，提高村庄整体的乡土风格。
- 整平层　使用干拌水泥、黄砂、砂、水泥砂浆及水泥净浆做整平层。使用石材、砖头铺面时，采用水泥砂浆及水泥净浆。

4.1.3　纵横坡和设施

道路-37　纵横坡和设施修筑技术

适用地区： 所有村庄。

标准与做法：

- 人行道的纵坡与道路纵坡一致。由于人行道狭窄，不考虑人行道横坡。
- 除开通行功能外，人行道承担着重要的人际交流功能。因此，我们需要结合村庄公共环境建设，综合考虑在人行道相邻空间上建设相应的休闲设施：
  (1) 可以坐下歇会儿的石凳；
  (2) 可以下棋打牌的石桌；
  (3) 使用地方材料（如竹料、木料、树根、石头等）制作的，可以称之为凳子和桌子的物件。

注意事项：

- 这类设施的形式和材料比起城市不知要多多少。关键是要考虑，如何通过它们保护我们的乡土风格，而不要模仿城市风格。

- 如何花很少的钱，甚至不花钱，又把事情办好；不求奢华，但求实用。
- 如何充分考虑到村民的需要，使他们产生把村庄看做是自己的家园的感觉。
- 一定不要把这些设施建筑在人行道上。实际上，这种情况确有发生，如把凳子直接设置在人行道上，妨碍路人的通行，也十分不安全。

标准与做法：
公共卫生设施
- 人行道旁需要设置分类垃圾箱，可回收的和杂物的。
- 它们通常放置在人们乐于聚集的地方。
- 垃圾箱的材料、形式和色彩应当接近地方乡土风格。

拦护设施
- 人行道与道路相邻一侧，可以利用道路的路缘石，一是排水，二是在一定程度上拦护事故车辆。
- 人行道的另一侧砌筑路缘，但与相邻地平齐平。这样做一是避免行人磕碰，二是易于雨水的渗漏。
- 用于砌筑人行道路缘的材料可以是石料、木料和水泥块。

4.2 道路照明

村庄内部道路需要照明。

目前，村庄内部道路的照明有三种情况：一些村庄的内部道路完全没有照明；一些村庄只有部分内部道路有照明；少数靠近城市的郊区村庄已经有了类似于城市的标准道路照明。

随着农村城镇化的推进，农村居民点的道路照明会越来越普遍。一是增加夜间道路交通的安全性，二是减少犯罪行为的发生，三是美化村庄的夜环境，四是提高村庄夜间的服务能力。特别是对那些开展民俗旅游的村庄，道路照明更是必不可少。

科学地规划和设计道路照明，合理选取光源，合理布置路灯，满足一定照明度，既功能有效和美化环境，又能节约能源和费用。

4.2.1 道路照明设计

道路-38　道路照明设计

适用地区：所有村庄。

定义和目的：
- 村庄道路公共照明的安排。
- 提高村庄夜间道路交通安全水平。

技术标准：

根据《村庄整治技术规范》的规定，村庄内部道路分为3级：村庄内部主要道路以车辆交通功能为主；同时兼顾步行、服务和村民人际交流的功能；村庄内部次要道路在担当交通集散功能的同时，承担步行、服务和村民人际交流的功能；村庄内部宅间道路以步行、服务和村民人际交流功能为主。

参照《国家城市照明设计标准》中有关居住区照明的条款和国际照明委员会对各级道路照明的建议(表4-1)。

国际照明委员会有关道路照明的指标　　　表 4-1

道路等级	环境明暗程度	路面平均亮度 $\bar{B}(cd/m^2)$	均匀度 U	不舒适眩光控制指标 G

- 在村庄内部次要道路和宅间道路上采用住宅道路照明标准；
- 在村庄内部主要道路上采用主要街道照明标准；
- 村庄内部主要道路的路面平均亮度为 $2\bar{B}(cd/m^2)$，均匀度 U 为 0.4～0.5，不舒适眩光控制指标 G 为 4；
- 村庄内部次要道路和宅间道路亮度为 $1\bar{B}(cd/m^2)$，均匀度 U 为 0.4～0.5，不舒适眩光控制指标 G 为 5。

当驾驶员前方 40～160m 距离间的路面平均亮度为 $1\sim 2cd/m^2$ 时，适合于驾驶的，而当路面亮度均匀度为 0.4～0.5 时，原则上也是安全的，尽管路面可能还会出现一块暗和一块亮的状况。

所以，本设计手册的建议是：
- 村庄道路照明原则是：使行人能发现路面上的障碍物，相遇时能彼此识别面部，有助于行人确定方位和辨别方向；

- 村庄内部主要道路的路灯在道路两侧交叉布置，每边路灯间距为14m；
- 村庄内部次要道路和宅间道路的路灯在道路一侧布置，每边路灯间距也为14m（图4-4）；

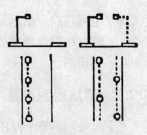

图4-4 道路一侧布置和道路两侧交叉布置

- 村庄内部主要道路路灯灯高为5~6m；村庄内部次要道路路灯灯高为4~5m；一条道路上采用统一的路灯灯高；
- 村庄内部主要道路的路灯采用单叉式悬臂式路灯，悬臂长2.5m；村庄内部次要道路的路灯也采用单叉式悬臂式路灯，悬臂长1.5m；只要照度达到上述要求，也可以考虑在村庄次要道路上安装庭院灯；
- 丁字路口布置1~2盏路灯；
- 十字路口布置一盏15m杆高路灯，使用光束比较集中的泛光灯；
- 不要把没有遮挡的裸灯设置在视平线上；
- 采用节电的小功率高压钠灯或小功率高压汞灯，不应采用白炽灯（表4-2）；

常用电光源技术参数　　　　　　　　表4-2

光　源	功率(W)	平均光通(lm)	平均寿命(h)	总长(mm)	灯头型号
金卤灯	250	19000	20000	226	E40
金卤灯	400	30000	20000	290	E40
高压汞灯	125	5000	5000		E27
高压汞灯	250	11025	6000		E40
高压钠灯	150	15000	24000	211	E40
高压钠灯	250	28000	24000	257	E40
高压钠灯	400	48000	24000	283	E40

- 村庄十字路口采用全夜灯，其余路灯可采用半夜灯，或采用下半夜能自动降低灯泡功率的镇流器；

- 宅间道路一般不设路灯；但是当宅间道路过长，出现盲点时，可以考虑动员相关住户在大门上安装户外灯，每夜短时照明。

4.2.2 道路照明改善

"亮起来"不等于村庄公共照明光度越大越好。实际上，太亮既浪费能源和造成光污染，特别是影响乡村地区的鸟类生活。所以，那些不恰当地采用了城市照明标准的村庄，可以重新调整村庄内部的道路照明，节约开支，保护生态环境。

有一些村庄已经有了路灯，需要通过村庄整治，继续改善村庄道路照明。

道路-39 道路照明改善技术

适用地区：所有村庄。

定义和目的：
- 改善村庄道路公共照明的措施。
- 提高村庄夜间道路交通安全水平。

标准与做法：
- 路灯杆
  (1) 路灯杆不得设在危险地点；
  (2) 调整灯高：灯的高度大致相当于需要被照明马路的宽度；
  (3) 消除村庄内高杆照明或常规照明光线射入村民宅院和居室；
- 路灯灯具
  (4) 同一街道灯具安装高度必须一致(发光中心到地面高度)；
  (5) 每条街道的灯具仰角应一致；
  (6) 使灯头光源中心线落在路宽的 1/2～1/3 的位置上；
  (7) 纠正灯具松动和歪斜的状况；
  (8) 更换破碎、锈蚀的灯罩；
  (9) 更换失效的灯具反光镜面；

(10) 紧好松动的灯具、灯身不能弯曲；
(11) 有裂纹铸铁灯头不能使用；
(12) 清扫擦拭灯身的透明罩和反光镜检修时应干净，现场无法清扫的应更换；
(13) 透明罩的扣环应完整好用，防止掉罩；
(14) 灯具防尘毡条要齐全，不齐的要修换；
(15) 灯坨与灯管法兰盘必须配套，螺钉要齐全，螺栓长度应能穿透灯坨法兰盘；
(16) 严重锈蚀或裂缝、伤痕的铁件应除锈刷漆或镀锌；
(17) 封闭灯具的灯头引线，应采用耐热绝缘管保护(石棉管或瓷管)；

- 立皮线
(18) 立皮线应采用绝缘皮线，铜芯不小于 1.37mm，铝芯不小于 1.76mm；
(19) 立皮线接架空导线时应对称搭接在杆子两侧，搭接处离杆中心 400～600mm，两侧要一致；
(20) 立皮线超过 4m 者，中间应加支持物固定，采用不低于 7/1.0 绝缘绞线；
(21) 立皮线应有黑绑线在绝缘支持物处做回头，杜绝用本线缠绕；
(22) 电源线时出铁管或灰杆孔处应加塑料管，管长不小于 200mm；
(23) 立线凌空段最多可有一个接头，接头对缠两侧各绕 5～7 圈，并包胶布，不同规范的不能对接；
(24) 穿入铁管和杆孔内部的电源线，不能有接头；
(25) 立线不能从高压线间穿过；
(26) 路灯立线要绑紧，整齐适宜，破皮露裸线者应更换；
(27) 路灯立线与接户线在最大摆动时，相距谢绝低于 50mm；
(28) 电容器、镇流器各压线螺钉处，最多能压两个线头，线头弯曲方向应按顺时针并用平垫压紧；

- 飞保险与分支保险

(29) 路灯均须安装熔丝保护，装于火线上；
(30) 带镇流器，电容器的灯具，其熔丝必须装于镇流器和电熔器的外侧；
(31) 250W 及以下的汞灯，白炽灯用 5A 熔丝；250W 钠灯可用 7.5A 熔丝；400W 钠灯用 10A 熔丝；
(32) 白炽吊灯应装两个保险，杆子处 10A，灯头处 5A；

- 长臂灯

(33) 长臂灯抱箍必须戴双母，应和电杆固定牢靠，不能转动；
(34) 灯身应平直，各部螺钉拧紧，支线与灯身夹角不小于 330°，灯身须与道路成垂直；
(35) 长臂灯横线应紧平；
(36) 长臂灯的横线与立线连接处，要有过渡弓子；
(37) 镇流器、电容器、灯保险须装在灯头处；
(38) 树木严重影响道路照明；
(39) 适当修剪枝叶，以消除或减少其对光线的遮挡；
(40) 改变灯具的安装方式，采用横向悬索布灯或延长悬挑长度；
(41) 减少灯具的间距，降低安装高度；
(42) 局部地段受到树木的影响，只对该地段的灯具安装高度、间距、横向位置进行适当调整；纵向间距的调整范围控制在与平均间距相差 20% 以内，但不应同时改变相邻的两个灯具间距。

4.2.3 太阳能路灯

在一些集体经济条件比较好的村庄，太阳能路灯被越来越广泛地使用。太阳能路灯无需敷设电缆、使用清洁的太阳能，节省常规电能，特别能够满足村庄内部道路照明的实际需要。这些都成为人们选择它的理由。当然，我们需要注意：

- 太阳能路灯的光线覆盖范围比较窄，亮度不够均匀，不宜用于大型村庄的主干道，特别是那些有过境车辆通行倾向的村庄主干道。
- 太阳能路灯(灯具、灯杆和辅助设备)的第一次投资费用约为 8000 元。
- 太阳能电池板的确存在寿命问题。太阳能路灯中普遍使用的铅酸蓄电池平均寿命在 500 次充放。路灯每天需要充放一次,所以,约一年半的时间后,需要更换新的蓄电池。这笔花费大概为初期投资费用的 1/3,即 2000~3000 元,相当于每盏路灯一夜需要耗资 4~6 元。
- 如果我们采用太阳能路灯,必须做好折旧。

鉴于以上情况,大多数村庄还只能使用常规电能,先让村里亮起来。一般一根路灯的第一次投资约为 800 元。

4.3 村庄内部道路的生态恢复与建设

我们需要致力于修复因道路建设而破坏了的生态系统,把它作为整治村庄中一项不可忽视的工作。

现代道路是人建造出来的。道路要占地,而且道路占地是永久性的,不太可能再恢复。但是,对于道路周边地区有所退化的生态系统,完全可以通过生态恢复的技术,在道路修筑之后的一段时间里,得到一定程度的修复。

我们不仅要建造一个可以供我们居住的家园,可以方便使用现代交通工具的道路,我们还需要建造一个可以持续下去的生态家园。只有生态友好的家园才是子孙后代可以健康生活下去的家园。

道路-40 道路生态系统修复技术

适用地区:所有村庄。
定义和目的:
- 把因道路建设而受到破坏的生态系统恢复到具有自我恢复能力状态的一系列技术措施;
- 减噪、滞尘、净化空气、改变局部气候、改善村庄景观。

技术特点：
- 修复因道路建设而被破坏的生态系统，不是简单地在道路两侧栽几棵树和做几个花坛就可以实现的，甚至绿化和环境保护工程也不能完全替代，而是要重新使那个小生态系统恢复到具有自我恢复能力的状态。
- 道路生态系统涉及的生物因素包括：行道树、边坡植被、护坡植被、边沟植被、乃至庭院里的树，村庄周边的田野等，以及在这些地方栖息着的小型哺乳类、爬行类，鸟类，两栖类动物。
- 修复道路修建前的生态系统还包括修复村庄里已经建立起来的物种框架。
- 修复道路修建前的生态系统可能需要引进外来种属，从而增加了道路生态系统中物种的多样性、结构和演替上的复杂性。这样，恢复的道路生态系统比起农田等人工生态系统要复杂得多，而比起自然生态群落却要单纯一些。

技术的局限性：
- 如果道路绿化选种不当，可能引来不该引来的树种，从而阻止那里生态系统的修复，还可能带来植物病虫害的发生。

4.3.1 道路绿化选种

道路-41　道路绿化选种技术

适用地区： 所有村庄。

定义和目的：
- 在已有物种框架内选择最大多样性道旁植物的技术路线。
- 恢复原有生态系统的稳定性，实现树草花藤旱涝无损、病虫无扰、相生相克、鸟语花香。

技术路线：
- 尽可能减少因修筑道路对各类植物基础的破坏，特别是路旁、庭院和村庄其他部分里存在的草、灌、乔和花，维护地方原有物种框架；

- 尽可能按照道路场所生态系统退化以前的物种组成及多样性水平，种植演替成熟阶段的物种：
  (1) 在人行道内侧，配种10%左右生长快的中高类乔木树种，为怕光直射的次生植被遮挡过强阳光；
  (2) 在剩下的90%的各类路侧空间里，种植易于传播和生长快的草本植物，以改变道路周边地区的土质，招引动物，为其他植物、动物的恢复创造条件；
  (3) 利用道路两旁或一旁的建筑立面，如院墙根下种植藤蔓植物，形成绿篱；
  (4) 当次生植被出现后，道路周边地区会整体进入植物群落的演替阶段；
  (5) 需要有选择性地砍掉一些先锋树，为成熟阶段的物种提供阳光；
  (6) 在留出来的空间中补植大量植物，以解决在演替成熟阶段物种生长慢的状况。

注意事项：
- 考察村里或附近村里已经有的树种草种有哪些，比如北方地区常见树种；

> 资料：北方地区的常见树种：
> 银杏、女贞、广玉兰、雪松、华山松、黑松、油松、蜀桧、毛白杨、青杨、垂柳、旱柳、枫、榆树、杜仲、法桐、刺槐、国槐、合欢、臭椿、楝树、黄连木、五角枫、三角枫、元宝枫、七叶树、栾树

- 选择村里已经有的乔木、灌木、藤本植物、草本植物、花卉及竹类等物种，尽量不要选择村里或附近村里没有的物种；
- 选择速生、中和长寿等不同生长周期的多种落叶乔木树种；
- 速生、中和长寿落叶树种的配合比例约为50%：30%：20%（例如村里要沿道路种植100棵树，选择种植50棵白杨树、30棵梧桐树、20棵槐树；白杨树和梧桐树沿路栽种，槐树把住路口空间）；

- 选择速生、耐修剪、易移植的常绿灌木和落叶灌木两类树种；
- 常绿灌木和落叶灌木配合比例约为 20%：80%（例如村里要沿道路种植面积 1000m² 的灌木树种，种植 200m² 常绿灌木，800m² 落叶灌木；常绿灌木，如大叶黄杨，沿路肩栽种，落叶灌木，如木槿，覆盖道路退红空间；同时，在退红空间中，植于 20% 的常绿乔木，80% 的落叶乔木）；
- 选择雄性树木作为路侧树木，而在庭院中种植雌性树木；
- 选择抗逆皮实的树种，沿路侧种植，而选择非抗逆娇嫩性，具有树干通直、树姿端庄、树体优美、枝繁叶茂、冠大荫浓、花艳芳香特征的树种，植于路口弯道处；
- 选择花期不同的花冠木树种，例如北方地区常见的花灌木，配植在路侧边缘和密植于道路退红空间里；

资料：北方地区常见的花灌木
- 花期 4~5 月的贴梗海棠，蔷薇科木瓜属。株高 1~2m，主枝直立，侧枝向外伸展。花粉红色或红色，着生于 2 年生枝条的叶腋间。
- 花期 5~6 月的黄刺玫，蔷薇科蔷薇属。株丛高 1.5~2.5m，枝条直立向上生长。花单生于叶腋间，每枝着生花数朵，黄色、重瓣。
- 花期 7~9 月的紫薇，千屈菜科紫薇属。株高 3~6m。花芽着生在一年生枝条的顶端，红色或紫红色。
- 花期 5~10 月的木槿，锦葵科木槿属。株高 3~6m。花较大，单生于二年生枝的叶腋间，有红、白、紫等色。

- 选择不同树形的植物美化道路两侧退红空间，构成变化的林冠线；

资料：林冠线
如雪松、水杉、龙柏、香樟、广玉兰、银杏、龙爪槐、垂枝碧桃等所特有的塔形、柱形、球形、垂枝形树形。

- 选择不同显示色彩的植物叶、花、果实、枝条和干皮，沿路间隔种植，以创造出带状的季相景观；

> 资料：季相景观：
> - 由迎春花、桃花、丁香等组成的春季景观；
> - 由紫薇、合欢、花石榴等组成的夏季景观；
> - 由桂花、红枫、银杏等组成的秋季景观；
> - 由腊梅、忍冬、南天竹等组成的冬季景观。

- 选择外来物种时，十分谨慎地选择外国树种和草种，即使驯化多年的也要特别小心，因为我们是农村，不是城市，我们还在从事农业、种植蔬菜和果树，它们可能会给我们的生产带来灾难。

4.3.2 道路横断面绿化布局

道路-42 道路横断面绿化布局

适用地区：所有村庄。

定义和目的：

- 依据食物链关系对垂直于道路中心线方向的断面及其组成成分的绿化所作出的安排。
- 修复阻断的生态食物链，建立一个自我维持的稳定道路生态系统。

技术路线：

从道路横断面上看，在布置乔、灌、草和藤蔓物种时，要充分考虑路边水沟、与这些水沟相关的空间通道以及空中走廊，尽量修复因道路修筑而阻断了的生态食物生产和消费链：

- 村里道路两侧的水沟应当成为所有植物的天然排灌系统；
- 村里道路两侧的水沟不要硬化，要土质的，用草和喜水植物护坡，至少沟底不要用水泥封死；
- 平原村庄的道边水沟纵向坡度不要超过0.3%，山区村庄的道边水沟纵向坡度也要适度，以让雨水缓慢流动和可以最大程度地渗漏到地下去为准；同时，让草籽和植物果实可以供应水生生物，从而保持一定水平的水生生物种群水平；
- 经常清理水沟的坡面和沟底的垃圾，让水干净起来，可以通畅地渗透，同时创造一个没有污染的水生生物生境，而清理出来的污泥可以施用到树下；
- 尽可能把村庄内部道路路沟与村庄周边的水塘、湿地衔接起来，以便自然那里的水生生物可以回游到村庄内部来；
- 在那些道路退红空间比较大的地方，埋设路下过街排水管涵，以便让水生生物、两栖类动物和爬行类动物可以自由往返于道路之间；
- 沿着村里道路两侧的水沟同时应该建成相互连通的绿色通道，成为野生动物的通道；
- 在路面特别宽敞的地方种植行道林荫树时，适当考虑枝冠水平伸展的乔木，以便让两侧树木在空中衔接起来(图4-5)；
- 在路边庭院院墙墙根种植藤蔓植物，形成绿篱，从而使道旁植物与庭院植物衔接起来(图4-6)。

图 4-5　两侧树木在空中衔接起来

图 4-6　藤蔓植物与绿篱

村庄绿化布局起始于庭院院墙上的藤蔓植物，然后从水沟池塘水体中的水生植物、水沟边坡的近水草灌植物、道路退红空间上的草坪、灌木群落、小乔木群落、最后过渡到路边的乔木群落(图4-7)。

图 4-7　绿化布局断面示意图

道路-43 阻断的生态食物链修复技术

适用地区： 所有村庄。

定义和目的：
- 修复阻断的生态食物链的技术战略。
- 建立一个自我维持的稳定道路生态系统。

技术路线：
- 把被铺装道路打碎了的生态系统（图 4-8），通过水和植物再衔接起来；
- 把因为铺装道路而吓跑了的小鸟和昆虫，通过恢复地方植被再请回来；
- 把道路宽度减至不能再窄的程度（图 4-9、图 4-10），以便让蚯蚓和一些软体动物可以越过道路觅食；
- 没有这些生态食物链的衔接，就不能使乡村生态系统实现自我维持。

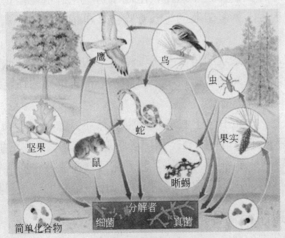

图 4-8 乡村食物链

乡村的现实是，我们不能使用杀虫剂来免除树木花草的病虫害，也不能使用除草剂来清除杂草，因为我们家里养着鸡、鸭、鸟和兔子；我们也没有精力使用自来水去浇花养树，因为村里除了老人就是孩子。

图 4-9 被铺装道路打碎了的生态系统　　图 4-10 过宽的村庄道路宽度会打断生物食物链

不用杀虫剂,谁来除灾?益虫、益鸟、益菌;不用除草剂,谁来除草?一定程度的树荫可以控制住喜光的杂草;不去浇水,谁来浇树?

刻意沟通起来的明沟暗渠、南方有池塘,北方有渗井,甚至经过处理的生活污水,都是天然的水源。

这就是一个只有在乡村条件下才可以建立起来的自我维持的生态系统。尽管我们修筑了道路,阻断了这些生态链,但是我们总可以在一定程度上修复阻断的生态食物链,再依据食物链来安排物种的布局。

我们常常从景观的角度考虑种植树木的位置,这是从人的视觉效果出发。没有问题,却缺少了建立一个自我维持的稳定道路生态系统的战略。

实际上,村庄不同于城市,村庄生态环境是一个半人工、半自然的。它不同于城市里的公园和广场绿地,那是一个人工生态系统,需要大量资金才能维持。一个生态系只有在能够自我维持时,才是最为经济的。这应当成为我们乡村居民点绿化的理想目标。

4.3.3　道路绿化种植

村庄道路绿化种植不能沿用城市道路绿化种植要求与标准,因为,村庄是一个典型的居住区,而不是城市街区;

村庄道路主要用于村庄居民的内部通行,而非社会性交通通道,更不是主要用于车辆交通,而是基本用于步行交通,即使村庄内部车辆的行驶速度也通常设计在 20km 之内;

村庄居住区由广大的农业空间环抱，住宅和庭院近似一个大型园林中的建筑群；

村庄道路绿化种植应当更为接近园林道路绿化种植的要求与标准，在色彩、层次和面积比例等方面，采用比城市道路绿化更加丰富和自由的配置，营造一个绿色的生态家园：

- 绿化宽度要覆盖整个道路退红部分；
- 在路堤或路堑边坡上种植草皮和灌木；
- 行道树的间距依据树种的营养面积确定，通常情况下，大型乔木的株距可以考虑在 4～8m 以上，一般乔木的树距为树冠的 2 倍；
- 大型乔木株间种植灌木或铺设草皮；
- 不要再用水泥或砖头铺装株间空间；
- 树池禁用水泥铺装，而种植草本植物；
- 路侧带上行道树的枝叶可以进入道路限界；
- 不要把行道树种植到人行道上；
- 弯道内侧及交叉口视距三角形范围内，可以适当种植高于最外侧机动车车道中线处路面标高的树木，迫使转弯车辆缓速行驶；
- 特别注意村庄主要道路的绿化，而不是地面的硬化，以植物配置形成乡村特色和氛围，在村庄主路上，种植较大规格的地方特有高大乔木，如北方的槐树，其下种植具有地方特色的整形灌木，形成壮美的主路景观。

行道树树种：

南方常用樟树、榕树，而北方则常用毛白杨、国槐、泡桐、白蜡等。

比较快速成荫的行道树种有梧桐、杨树、泡桐、臭椿等。当然，它们寿命不长，需要与长寿树种兼顾起来。

5　道路交通安全设计与设施

现在，我们关注农村居民点的交通安全问题，应当不再是杞人忧天了（图5-1）。前些年，没有人会对我们讨论农村公路交通安全问题而吃惊，因为农村公路建设一日千里，但是，如果那时我们讨论村庄内部道路的交通安全问题，可能有人会认为是天方夜谭。现在，村里的情况不同了，合理解决村庄内部道路的交通问题也应当纳入村庄整治的项目中来。

图5-1　农村居民点的交通安全问题，应当不再是杞人忧天了

村庄内部道路的交通安全问题可以概括成为以下6个方面：

- 在村庄内部道路上行驶的车辆没有像在城市里那样受到各类约束，如速度约束，车道约束，让道、等待等约束，一切都靠约定俗成和道德行事；
- 村庄内部道路交叉口在数量和复杂程度上都要比公路大许多，加上过去我们没有重视村庄内部道路交叉口的设计，以致那里通常成为交通事故的多发点段；
- 许多村庄内部主要道路的路面的确硬化了，看似平直，却没有留足横坡坡度，加之缺少路面防滑措施，从而给易于上冻的北方村庄和阴雨连绵的南方村庄留下了严重的交通隐患；
- 许多村庄内部主要道路成为贯穿性的道路，或者村庄沿公路线状展开，过境重载车辆穿行其间；但是道路的设计退红不是不够，就是被临时建筑占用，加上路侧安全防护设施短缺，于是闯入民宅的车辆偶有发生；

- 山区丘陵地区的村庄可能成为外来游客青睐的旅游点，虽然一些村庄主要道路可能存在长大下坡路段；但是因为安全设施不足，发生重大交通事故的情况的确存在；
- 村庄居民点本身如同一个城市居住小区，但是我们修筑村庄内部道路时，却常常沿用城市道路规划模式，不许存在"断头"；这样车辆可以自由穿行于村庄中的大部分道路上，除开交通安全问题和道路承载能力问题外，穿行于村庄中的车辆还会产生出扰民的噪声，排放出污染环境的尾气。

图 5-2 农村居民点的交通安全问题

以上问题不仅仅是因为设计修筑者的疏忽大意，从根本上讲，还是我们对村庄居民点性质的认识上存在一些误区：

- 专业公路部门近年来给村庄规划建设了不少内部主要道路。执行公路建设标准没有问题，但是，问题出在对村庄的认识上。村庄是农村居民生活和生产的聚居点，类似城市里相对独立的居住小区。所以，村庄内部道路不是农村公路，不能完全执行公路设计标准。

- 专业规划部门近年来帮助一些村庄编制了村庄规划。这些规划在执行一般城市规划标准上没有错，然而，错误出在对村庄的认识上。村庄只是农村居民生活和生产的聚居点，而非小城镇，更不是城市。城市道路没有断头可以，但是，城市居住小区通常采用半封闭状态，以杜绝过境车辆的穿行。所以，在规划设计类似城市居住小区的村庄时，也应当从交通安全出发，充分考虑到其他道路规划模式，而不是只有"三横两纵"之类的棋盘式道路布局形式一种。

更一般地讲，我们对村庄道路性质的认识还有待商榷。如果我们认为村庄道路主要是为"人"设计的，而不是为"车"设计的，那么设计结果会十分不同：
- 为"车"的道路比为"人"的道路要宽、要直、要平；
- 为"车"的路面最好没有任何障碍，而在为"人"的道路上设置一些为"车"的减速丘、减速垄、减速标线、薄层铺装、错视觉标线等，对行人并无大碍；
- 为"车"的弯道半径比为"人"的弯道半径要大；
- 为"车"的道路交叉口最好封闭起来，而为"人"的道路交叉口最好有行人穿越设施、"中心岛"、"环岛"、交通岛、阻隔桩等；
- 为"车"的道路最好无任何视线遮拦，而在为"人"的道路需要警示司机、树荫遮蔽、鸟语花香；
- 为"车"的道路产生比为"人"的道路要大得多的噪声。

毫无疑问，没有汽车就没有交通事故，没有汽车给我们带来的污染，也不会改变乡土特色。但是，这可能有违一些村民追求一种现代生活的愿望。但是，的确还有一些村民在追求另外一种现代生活，即我们称之为"后现代"或"现代后"的生活，还有一些村民，特别是老人、孩子和残疾人，在追求他们可能得到的现代生活。

事物的发展总是有矛盾的。所以，我们需要在为"车"的道路和为"人"的道路之间做出选择，而做出这种选择需要我们具有包容、忍耐、谦让和兼顾的价值观念。

实际上，通过村庄道路的设计和整治，从源头上减少交通事故发生的可能性，是保障交通安全的最佳手段。我们正是从这个"以人为本"的原则出发，来展开村庄内部道路交通安全整治技术的介绍。

5.1 道路节点交通安全设计

在村庄调查中发现，与公路相比，村庄内部道路的交叉口要密集的多，复杂的多，以致那里通常成为交通事故的多发点段（图5-3）。所以，在村庄整治中，我们要首先解决道路交通节点地区的交通安全问题。

村庄内部道路平面相交的地方就是道路节点或道路平面交叉口。在村庄中，容易发生交通事故的交叉口主要是主要道路交叉口、主要道路和次要道路的交叉口。这类交叉路口有如下特征：

图5-3 村庄内部道路的节点之一

从社会功能上讲，这类交叉口可以分为市场型、聚会型和单纯交通型；

从交通特性和组织方式上，这类交叉口可以分为加辅弯角、分道转弯、拓宽路口和环形交叉；

从几何形式上，这类交叉口可以分成十字路口、丁字路口、X形或Y形路口。

当村庄居民点中的交叉路口具有社会功能，特别是有市场或商店时，同一空间交通、商业、社交等功能交叉在一起，形成交通冲突。当然，需要特别注意的是，具有社会功能的村庄居民点交叉路口不同于公路交叉路口的设计思想。

在村庄居民点中，不存在提高车速，增加路口疏散能力的问题。所以，解决村庄居民点交叉路口的交通安全问题不是通过改善驾驶条件,让车辆行驶或转弯更为通畅,反倒是从一定程度上增加驾驶者的困难,迫使驾驶者降低车速,以实现交通安全的目标。所以,对于具有社会功能的村庄居民点交叉路口有如下问题需要整治:

- 平面交叉口的区域大于相交次要道路横向宽度3倍以上;
- 驾驶者在交叉口实际视距过长;
- 弯道半径过大,至车辆转弯无需刹车;
- 商业性交叉路口没有设置"路权分配"功能的标志和标线;
- 次要道路进入主要道路前没有停车线和停车标志;
- 行人或骑自行车的人与车辆混合;
- 不必要的车辆通行路口没有设置车辆阻障。

一般来讲,我们可以采用障碍式、水平式和垂直式3类设计来改变村庄交叉口的交通状况。以下我们可能涉及到其中的一部分。村庄可以因地制宜的采用表格中的各类方法。

5.1.1 道路节点的交通组织

道路-44 道路节点交通安全设计技术

适用地区: 地处公路要道的中心村,有市场型交叉口的村庄,有交易市场或村民聚会场存在的交叉路口。

定义和目的:
- 村庄道路交通节点的安全布局措施。
- 提高村庄道路交通节点交通安全水平。

注意事项:

传统村庄道路转弯半径通常只有 1.5~4.5m,现代村庄道路转弯半径则有 6~12m。传统村庄道路转弯半径迫使司机只有在降低速度的情况下才能完成转弯,而在近几年建设起来的宽马路上转弯时,几乎无需减速就可以转弯,而那里通常称为了集市。所以,那里通常充满了交通危险(图5-4、图5-5)。

图 5-4　传统村庄道路转弯半径　　图 5-5　现代村庄道路转弯半径

标准与做法：我们可以采用水平式、障碍式和垂直式三类方式来改变村中交叉口的交通状况。

减少弯道半径

- 通过在不改变弯道处的道路实际宽度的条件下，一定程度地缩小车行道的宽度，从而减少弯道半径。
- 把平面交叉口的宽度减至 3 倍以下从而减少车辆通行距离。
- 削减的这部分空间使用其他道路铺装，通常成为人行道的一部分，而在紧急情况下，可以供紧急车辆使用。
- 那里不能建设任何固定的设施。
- 小于 4.5m 的弯道半径能够使我们降低转弯速度。

减少交叉路口宽度，增加路口的人行道宽度

- 对于（图 5-6）这样的宽路口，可以通过扩宽交叉口路段的人行道宽度，适当缩减车行道的宽度，这样也能实现降低车辆转弯速度的目的。

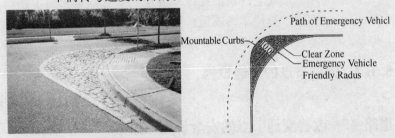

图 5-6　在不改变弯道处的道路实际宽度的条件下，一定程度地缩小车行道的宽度，从而减少弯道半径

建立交通环岛
- 对于图5-5那些村庄，可以通过建设交通环岛的方式重新组织交通，改变村庄大型交叉路口交通组织混乱的状况。

路段减速
- 通过在到达交叉路口前的适当位置上设置减速丘、减速台、适当弯曲的路型等办法，实现降低车速的目标。这三种方法简便易行。

  (1) 减速丘抛物线顶端高度通常为76～88mm，丘宽3.6m（图5-7）。

  (2) 减速台的台宽是减速丘的2倍，约6.7m，减速台抛物线顶端高度仍然为76～88mm，这样，车辆可以减速台顶部即刻停驶（图5-8）。

图5-7 减速丘

图5-8 减速台

  (3) 弯曲路型是通过改变路侧边缘带或增加路边安全岛的办法实现的，它并不实质性改变道路本身，但是建立半圆形铺装有别的路缘或安全岛，可以适当缩小路口宽度，迫使车辆减速；同时，给横过道路的行人提供了便利的效果。

5.1.2 道路节点的交通设施

道路-45　改善交通节点的安全设施的技术

适用地区：地处公路要道的中心村，有市场型交通节点的村庄。

定义和目的：
- 建设交通节点安全设施的措施。
- 提高交通节点的安全水平。

村口

标准与做法：
- 村里和村外的交通模式一定要有所改变，通过在村口设置交通标志大小的村牌、路标、交通限速标志、允许通行车辆的种类、汽车减速的路坎等设施，甚至改变道路铺装材料，明确告示进出村庄的车辆；
- 村口装饰要简节，只有地名、交通标志，没有非功能性的装饰物；
- 如果村里设有餐馆和旅馆，招牌不要主导视线；
- 从村口开始设置路坎和路桩，把车速限制在 30km 以下，或干脆禁止车辆或外来车辆入内。

十字路口

标准与做法：
- 减少供车辆通行的十字路口 没有十字路口，当然就不会出现十字路口的交通事故。减少一个路口的交通功能，就减少一分交通冲突。我们可以考虑采用一些针对车辆的道路封闭措施，适当减少一些供车辆通行的十字路口。
- 封车不封人 行人和自行车依然不受道路封闭的影响，继续在十字路口纵横穿行。当然，这类封闭可以先具有临时性。当实践证明可行后，再改为永久性。村民对这类封闭需要一个习惯过程。
- 封闭道路 使用栅栏或路桩完全封闭一些次要道路与主要道路相交十字路口的次要道路一端，全面减少村庄里的十字路口个数。特别是封闭那些砂石土路面的次要道路。
- 封闭车道 可以仅仅封闭进出行车道中的一个车道。如果我们选择封闭一个车道，最好封闭供右转小弯进入主要道路的车道。因为右转小弯进入主要道路的车道没有交通管制,驾驶者也比较松懈,而当驾驶者左转大弯进入次要道路时,一般都会谨慎一些;同时,他们转弯时会影响主要道路车辆的速度。这恰恰符合村庄道路以减速方式实现交通安全的原则。

- 按实际停车视距设置交通设施 在村庄内部道路的十字路口上,按照实际停车视距设置各类交通设施,如减速坎、停车让行标志。一般不要在建设新道路时执行公路停车视距规范。实际上,这个适合于公路的规范不适用于村庄居民点内部道路,因为村庄中的路口通常难以找到符合于规范要求的空间。按照公路规范建设的道路必然过于宽大(表5-1)。

不同车速条件下的停车视距规范 表5-1

不同车速条件下的停车视距规范(适合于1~4级公路)						
设计车速(km/h)	100	80	60	40	30	20
停车视距(m)	160	110	75	40	30	20

- 在村庄里,道路两边都建设了住宅。尽管我们需要在村庄整治中,彻底清理道路交叉口视距内的所有临时建筑物;但是,在次要道路上的驾驶员眼睛距主要道路边缘的距离5m时,仍然还有建筑遮挡他们的视线、看不见主要道路上的车辆情况。所以,在设置各类减速坎、停车让行标志时,需要从实际出发。设置各类减速坎、停车让行标志可能不利于驾驶者,要求他们大大降低车速,甚至停下车来观察,但是,这样做的确有利于步行者,可以有效减少村庄内部的道路噪声。

注意事项:

对于那些平原地区的村庄来讲,近几年以来,可能已经按照城市棋盘式道路体制设置了纵横交叉的村庄主要道路体系,或主要和次要道路相交的道路体系。这样,必然在村庄中形成了多个十字路口。这些路口无疑存在交通隐患,同时也对路口处的居民产生交通干扰。所以,我们需要在村庄整治中,对此加以解决。

丁字路口

标准与做法：

- 通过"封路不封人"的办法，增大对向次要道路的间距。
- 限制一些主要道路左转进入次要道路的可能，如在主要道路上设置中央分隔带。中央分隔带的开口应该正对次要道路的开口，或者次要道路开口在中央分隔带开口的下游，这样，驾驶者实际是做了一个调头，以右转方式进入次要道路。
- 从次要道路出来并入主要道路的车辆需要在丁字路口作停车让行。因此，在次要道路设置各类交通设施，如减速坎、停车让行标志是必要的。

注意事项：

对于平原地区的村庄来讲，可能在村庄中形成了一条主要道路多个丁字路口的状况。从主要道路进入左转大弯进入这些丁字路口尤为容易发生交通事故。特别是丁字路口过密时，或者主要道路两侧对向丁字路口过密时，都会引起交通问题。

5.1.3 一般交通设施

随着农村富裕程度和城镇化水平的提高，车辆交通必然增加。所以，通过设置各类交通安全设施，可以减少交通事故发生的机会。

路面交通标志和安全设施是引导交通和提高交通安全的重要技术手段。长期以来，我们一直没有在村庄内部道路上普遍应用这些技术手段。实际上，路面交通标志和安全设施并非城市道路或公路的专利，使用它们同样可以提高村庄内部道路的安全性。

相比较其他技术措施来讲，使用它们是很便宜的。

对于来自城市的驾驶者，没有路面标志和安全设施反倒使他们不知所措。

我们应当科学地使用道路运行规则控制和疏导交通、维持交通秩序、提供交通信息、指引行进方向和执行村规民约，达到管理村庄内部道路的目的。

- 人行横道　除开通常的画线性人行横道外，在比较大型的村庄居民区主要道路繁忙地段上，可以把人行横道设置在减速丘上，同时配备色彩或纹理化的人行横道标志和标线，如在学校和市场附近。实际上，设计精良的各类人行横道设施和相关的交通示意标志本身就是村庄文明的象征。

- 路口特殊铺装　对于人员车辆比较多的路口，可以通过垫高整个路口的方式，使用特殊材料加以铺装，全方位地降低车速。
- 路口标志和标线　当然，在交通路口设置各类交通安全标志和标线是必不可少的。我们可以因地制宜地使用的常见路面标志有：

  (1) 停车让路线，如果在路口再配合上停车让路牌，驾驶者至少要停车 3s，再行进起来；

  (2) 人行横道线；

  (3) 自行车行驶线；

  (4) 直行和转弯箭头；

  (5) 分道线；

  (6) 绕行箭头；

  (7) 路边停车空间和不允许停车空间；

  (8) 安全警告，如坡陡、弯道、路窄、路面不平等，同时配合垂直路牌；

  (9) 危险地段；

  (10) 入村和出村指引。

我们也可以因地制宜地使用的常见路面设施有：

(1) 减速丘、减速台；

(2) 特殊铺装路段；

(3) 特殊铺装的人行道或自行车道；

(4) 中间交通岛；

(5) 避让空间；

(6) 交通环岛；

(7) 交叉口行人保护岛；

(8) 道路封闭设施。

5.2 道路沿线交通安全设计

5.2.1 路侧和路面安全设计

道路-46 路侧和路面安全设计

适用地区：有过境公路穿过的村庄，村庄主要道路两侧。
定义和目的：
- 道路两侧交通安全布局措施。
- 最大程度地保护路边的行人、住宅和公共工程设施。

注意事项：
- 我们在村庄整治中，要特别关注村庄居民点路段的公路路侧交通安全问题。同时，我们也要特别关注村庄居民点内部道路本身的路侧交通安全问题。这些年来，随着农村公路的发展，许多村民总是冒着极大的交通风险，沿着公路两侧，占用道路退红或称"路侧净区"，开设店铺和工厂。这样，事实上把一段过境公路变成了村庄内部道路。所以，解决这类问题的根本措施是，严格公路退红的规划管理，不要再发生此类现象。当然，若要强制拆除那些已经沿路建设起来的建筑物，的确很困难。我们只有通过各种可能的路侧交通安全技术手段，设置防护设施、解体消能设施、交通安全标志、改善道路状况等，对此做一定程度的补救。
- 需要特别注意，对于村庄道路的路侧安全技术来讲，其目标首先是最大程度地保护路边的行人、住宅和公共工程设施为主，然后才是保护驾驶人员和车辆财产。一般公路路侧安全技术是假定路边无人的情况下，最大限度地保护驾驶人员的安全。

技术特点与适用情况：我们应用路侧交通安全技术的前提是：
- 在村庄道路旁种植行道树，一是遮阴，二是防范车辆冲进路旁，而清除掉公路两旁树木是公路标准；

- 村庄道路不要太直，以降低车速，而尽可能减少公路弯道是公路标准；
- 交通防护设施是按车辆在村庄居住区内或公路穿行于居住区路段的速度不足30～40km而设计。

标准与做法：
- 穿行于居住区的公路路段属应设置护栏类公路：
  (1) 在穿行于居住区的公路路段和村庄内部道路上，设置路侧安全护栏，防止失控车辆冲出路外，碰撞路边行人、住宅和公共工程设施；
  (2) 即使车辆驶出道路后，对车辆本身并不产生什么严重后果，我们也要设置路侧安全防护栏；
  (3) 设计速度为40～20km/h；事故等级为B和A，采用路侧安全等级 Ⅳ 级标准；
  (4) 设置墙式混凝土刚性护栏，最大动态变形量为100mm；一定不能以垒起挡墙、浆砌片石防撞墩来替代公路规范混凝土刚性护栏；
  (5) 在核心路段上，护栏采用连续形式；因地制宜地确定封闭长度，以阻止道路两侧人的穿行和车辆交汇；在核心路段外的重点路段上，可以采用非连续性的其他护栏形式，以体现乡土特色；
  (6) 应该将混凝土连续刚性护栏深埋0.3m以上，特别是在路肩狭窄的地方；
  (7) 同时要按"公路安保工程"规定，设置相应标志牌和标线。
- 村庄内部主要道路属应设置护栏类道路，特别是那些村庄内部主要道路退红不到3m的路段，那些采用路堤形式的路段，应当同时和分层次采取各类路侧防护措施：
  (1) 设置路缘石，路缘石高度约为100mm；
  (2) 如果村庄内部主要道路采用路堑形式，特别是那些山区村庄，且路堑高度平均都在0.5m以上时，除开设置路缘石外，无需再设置护栏；

(3) 如果村庄内部主要道路采用路堤形式，除开设置路缘石外，还需要设置边坡边沟、植树、设置各类路侧防护性拦挡设施；
(4) 在路段适当位置上设置相应的标志牌和标线；
(5) 利用建筑防护性拦挡设施的材料和形式，营造村庄的乡村景观；
(6) 使用水泥垒花墙是目前最为普遍的做法，但是因为不一定使用的是当地材料，所以常常比较昂贵；
(7) 如果道路退红空间允许，垒上花坛种花草，当然可以起到路侧防护效果；
(8) 在道路退红空间不够的情况下，可以利用当地特有的石材，垒砌连续性石墙，石墙高度约在 $0.3\sim0.6m$ 之间；
(9) 利用当地的树根制造保护桩或保护栏，桩高不宜超过地面 0.3m；
(10) 在当地材料匮乏，也没有道路退红空间时，可以间断地布置混凝土桩。

技术的局限性：
- 当车辆在村庄居住区内或在公路穿行于居住区路段的速度超出 40km，或者车辆严重超载，交通安全护栏不能完全保证路边的行人、住宅和公共工程设施的安全。

道路-47 路面防滑技术

适用地区：所有村庄。

定义和目的：
- 改进路面材料、规格或采用特殊的施工工艺的一类措施。
- 使路面产生特殊防滑功能，最大程度地实现交通安全。

技术特点与适用情况：改造村庄内部主要道路关键路段的路面和路面横坡，增加其路面的防滑性，减少村庄内部道路交通事故。

- 沥青混凝土路面
(1) 可以选用磨光值和磨耗值较高的石料，提高路面摩擦

系数;
(2) 采用特殊的级料配合比,形成较大的表面开口空隙,增大路面宏观构造深度;
(3) 采用特殊的级料配合比,在道路表面磨耗层形成通透的空隙,增强路面的排水能力;
(4) 采用高磨光值粗集料表面嵌压方式,提高路面摩擦系数;
(5) 直接利用粘结材料,将小于 3mm 的高磨光值颗粒材料粘结到路面上。

- 水泥混凝土路面
  (1) 当水泥混凝土路面尚未凝结时,在路面表面进行塑性拉槽、压槽或拉毛处理;
  (2) 当水泥混凝土路面已经凝结或磨光时,在路面上实施硬性刻槽或拉毛处理;
  (3) 在铺装水泥混凝土路面时,在其表面嵌压高磨光值石料,提高路面摩擦系数;
  (4) 在刚铺装的水泥混凝土路面上,实施刷浆处理,裸露粗集料,提高路面摩擦系数。

技术的局限性:
- 采用碎石料、砖头、甚至砂石是实现路面最佳防滑效果的首选材料。当然,碎石料、砖头、甚至砂石只是一种不同的路面材料,任何路面材料的路基仍然需要一样坚固和稳定。也就是说,我们不能指望在现有泥土路上简单铺装上砂石,就可以成为防滑路面。
- 实现路面横披设计标准,以上路面防滑措施才是有效的。村庄内部道路的路面横坡采用 1‰~3‰。路面横坡的基本功能是排除路面积水,使积水流向道路外侧,既保护路基,也防止路滑。

注意事项:
- 路面病害也是导致交通事故的重要原因。村庄沥青路面病害通常有,沉陷、坑槽、壅包、车辙。村庄水泥混凝土路面病害通常有，错台、沉陷、碎裂等。这些路面病害都会导致车辆严重颠簸，方向失控、从而导致交通事故。从提高村庄道路交通安全的角度考虑，我们也需要积极治理村庄道路路面病害。

5.2.2 宅院和小巷出入口

道路-48 消除交通盲点技术

适用地区：所有村庄。

定义和目的：
- 消除交通盲点的技术措施；
- 最大程度地减少村内交通事故。

注意事项：
- 相邻建筑物、临时堆放物、树木等遮挡了住户或小巷出行的视线或道路上驾驶者的视线。
- 面向村庄主要道路的住户和出入小巷的住户，那些面对或邻近穿行于居住区的公路路段的住户和出入小巷的住户，的确存在相当的交通危险。
- 如果这种遮挡效果是因永久性建筑物而产生，那么，实际上等于存在一个交通盲点。
- 在村庄整治中，各家各户都应当认真检查是否存在交通盲点问题。如果的确存在，理应立即消除。

技术特点与适用情况：
- 在通往道路上的端口，刻意设置台阶或路坎之类的设施，延缓出行者的速度；
- 在道路上明显标志"有人车出入"；
- 在夜间一定时间段里，需要点亮路灯；
- 在道路上设置路坎；
- 在宅路或小巷和道路相交界面上，使用砖石特别铺装一个半圆的人行安全岛；
- 使用路缘石或花墙，改造原有的出入口；

- 种植树木，改造出行弯道半径；
- 挖掘道路排水沟，铺设暗管，以致形成一个进入村庄道路的狭窄的弯道；
- 如果地处穿行于居住区的公路路段上时，应当把这些通道封闭起来，把出宅的人流或车辆引导到少数可通行的道路上去。
- 在宅前道或小巷与村庄道路相交处设置"瓶颈"，把那里的转弯半径约束到最小，以达到出行车辆减速的目的。

注意事项：
- 宅道或小巷过宽，宅道或小巷与村庄主要道路并线时，弯道半径会比较大，交通盲点虽然不存在，但是，车辆刹车减速不够，同样会发生交通冲突。对此需要考虑减少弯道半径的技术措施。

5.2.3 公共场所出入口

村庄中人流出入道路比较集中的公共场所主要有学校、市场、商店、卫生院和集会场所。这些公共场所的交通问题大体如下：

- 现在小学和中学都比较集中在人口较多和交通比较复杂的村庄里。通常情况下，在上下学时段里，大约可以达到500~1000人，车辆种类繁杂，特别是有大量儿童使用自行车。那里的交通问题主要发生在特殊时间段里；
- 拥有集散功能的市场型村庄，在集日里交通组织很复杂，几乎处于无交通管理的状态；
- 一般村庄的商店通常是村民的聚会场所，人流不大，但是反应比较迟钝的老人和玩耍的儿童容易随意进出道路；
- 村庄卫生院人流不大，但是存在紧急救护的特殊交通需求；
- 村庄集会场所（如健身场所、小广场等）属村民休闲空间，除了自行车外，一般没有机动车辆出入，所以人们对交通的警惕性基本解除。

所以，村庄公共场所的交通安全问题较之于城市来讲，有其特殊性，需要从农村的实际情况出发，分门别类加以处理。

当然，在消除公共场所出入口交通冲突问题方面，存在一些相似的技术措施：
- 公共场所应当有明确的交通出入口，如果没有，应当建立起这类交通出入口和设置相应的交通安全设施和标志。
- 学校的校门本是一个交通出入口。现在所需要的是在学校出入口的一定路段上，按照国家交通安全法规，布置相应的交通设施和交通标志，甚至在一个时间段里，派专人疏导车辆组织和管理交通。
- 村庄集市应当相对道路而做到封闭，不要以沿街设点的方式展开市场，而是相对集中到道路一侧的特定空间里，最终形成若干有规则的连通村庄主要道路的出入口，设置相应的交通安全设施和标志。
- 临街的一般村庄商店门前设置步行道，同时设置人行横道和交通安全标志。
- 村庄卫生院要有专门并入村庄主要道路的专有通道，转弯半径要达到无需刹车就可以平滑转弯的程度，同时，设置相应的交通安全设施和标志，尤其要设置不允许停车的专门标志，保持它的出入口 24h 无任何障碍。
- 村庄集会场所应当与人行道和人行横道衔接，设置相应的交通安全设施和标志。

技术资料：道路交通标志

道路交通标志通过标准的图形、符号、文字和颜色向人们传递道路信息，以此管制、警告及引导交通。村庄在其内部道路上设置这些标志时，需要严格按照《道路交通标志和标线》标准标志绘制。

禁止通行

禁止驶入

禁止机动车通行

禁止载货汽车通行

十字交叉

T型交叉

T型交叉

T型交叉

禁止三轮摩托车通行

禁止大型客车通行

禁止小型客车通行

禁止汽车拖挂车通行

Y型交叉

环型交叉

向左急弯路

向右急弯路

村内道路

 禁止拖拉机通行
 禁止农用运输车通行
 禁止三轮摩托车通行
 禁止某两种车通行

 禁止非机动车停车
 禁止畜力车通行
 禁止货运三轮车通行
 禁止人力客运三轮车通行

 禁止人力车辆
 禁止骑自行车下坡
 禁止骑自行车上坡
 禁止行人通行

 禁止向左转弯
 禁止向右转弯
 禁止直行
 禁止向左向右转弯

 禁止直行和左转弯
 禁止直行和右转弯
 禁止掉头
禁止超车

解除禁止超车
禁止车辆临时或长时间停放
禁止车辆长时间停放
禁止鸣喇叭

 3m 限制宽度
3.5m 限制高度
10t 限制质量
7t 限制轴重

40 限制速度
40 解除限制速度
停车检查
停车让行

让 减速让行
会车让行

 反向弯路
连续弯路
上陡坡
下陡坡

易滑
傍山险路
傍山险路
堤坝路

堤坝路
村庄
隧道
渡口

驼峰桥
路面不平
过水路面
有人看守铁路道口

 两侧变窄
 右侧变窄
左侧变窄
窄桥

双向交通
注意行人
注意儿童
注意牲畜

注意信号
注意落石
注意落石
注意横风

斜杠符号
注意非机动车
事故易发路段
慢行

左右绕行
左侧绕行
右侧绕行
施工

6　村庄内部桥梁

　　村庄内部桥梁是指村庄居民点内部主要供行人或小型农业运输工具通行的桥梁。在我国东南部水乡河网纵横的农村地区，亦称"民间桥梁"，以区别于一般公路桥梁。

　　村庄内部桥梁在功能上有别于农村公路桥梁。农村公路上的桥梁是农村公路的组成部分，主要用于汽车交通，并具备相关技术标准和相应设施。村庄居民点内部的桥梁主要是供村民步行使用，也用于农业运输工具和生产工具的通行，其性质类似于城市居住区或城市园林区内部的桥梁。所以，村庄内部桥梁的建设低于公路桥梁的技术标准。实际上，大部分村庄内部桥梁都是农村能工巧匠按照民间经验而创造出来的，特别是那些历史悠久的古桥，并非一定执行了现代桥梁的技术规范，却也成了村庄居民每日必经之桥，成为村庄乡土特色中不可忽略的重要部分。

　　近几年以来，我们在一些村庄调查中发现，村庄内部桥梁存在如下技术性问题：

- 一些村庄内部桥梁未经改造或未做合乎公路桥梁规范的改造，却因为村庄内部道路变成过境公路而直接用做公路桥梁；
- 目前人行和车行兼用的村庄内部桥梁多是建于30年以前的机耕桥或过水桥，主要是拱桥桥型，由于当时的技术条件，设计技术标准和施工工艺水平，它们实际上只具有满足行人、人工板车和小型农业机械通行的能力；
- 一些村庄内部桥梁本是步行桥，随着农村经济的发展，它们也承载起各类汽车甚至重载汽车的通行功能；
- 在南方水网地区，一些村庄内部桥梁是跨航道的，原始的设计和建设标准不能满足日益增加的大型船舶、航速加快的水上运输业发展，时有船舶撞击桥梁的事故发生；

- 随着近年地质水文条件和气候条件的巨大变化，许多村庄内部桥梁发生了桥面破损、栏杆断裂、伸缩缝损坏、桥头跳车、梁板或拱体裂缝、钢筋钢索锈蚀、钢结构裂纹锈烂、墩台断裂位移、挡墙倾斜错位、锥坡下挫坍塌、墩台基底冲空、桥头路基冲塌、河床护底以及河道被冲刷严重，危及桥头路基等结构性问题；
- 因年久失修、超负荷使用而造成车辆过桥时桥梁突然倒塌的事例也有发生；
- 汶川地震反映出，地震对村庄内部桥梁的破坏表现在桥梁的上部结构、支座、落梁、下部结构、基础等部位上，但原因主要还是土基软弱、下部结构和基座不坚固、结构连接不当；
- 桥面安全设施不完善，也没设立警告标志和限载标识；
- 在我国南方地区，村庄内部桥梁的数目相当巨大，但是，多数属无人维护、无竣工资料、无档案管理的桥梁。

所以，在村庄整治中，需要对村庄内部桥梁的状况做出认真的调查，特别是对那些改变使用功能的村庄内部桥梁做出技术分析，防治结合，预防养护为主，确定对它们实施维护、修缮、改造，还是重建的战略安排，尽可能消除桥梁结构上的一切安全隐患，杜绝因桥梁技术状况原因引起的桥梁垮塌事故，以保障农村居民和桥梁使用者的生命和财产安全，为农村经济和社会的可持续发展创造条件。

6.1 村庄内部桥梁的结构和修缮

6.1.1 村庄内部桥梁的结构

道路-49　村庄内部桥梁损坏测定

适用地区：村庄内部道路体系中有桥梁的村庄，特别是南方水网地区村庄。

定义和目的:
- 对村庄内部桥梁现状做技术分析的简单方法。
- 为选择对村庄内部桥梁实施维护、修缮、改造,还是重建提供参考。

注意事项:

按照受力方式来说,村庄内部桥梁大体可归纳为拱式、梁式和悬吊式等三类(图 6-1、图 6-2、图 6-3)。从对村庄内部桥梁结构的分析中,我们可以了解到它们可能存在问题的部位。

图 6-1 拱桥

图 6-2 梁桥

无论对何种村庄内部桥梁进行检查,目标都是分析村庄内部桥梁的病害,确定维护、修缮、改造和重建的工作计划与资金,同时,通过对桥梁病害的检查、分析和发现设计和施工中的技术条件限制,从而决定对相应桥梁的使用规定和限制措施。

图 6-3 悬吊桥

拱桥

我国民间具有建筑拱桥的悠久历史经验,所以,拱桥成为村庄内部桥梁中数量比较多的一种,而其中采用无铰拱拱桥的最多。

检查:

检查拱桥的桥台和地基基础:

- 如果桥台背后的土压力和基础周围路基填土重量增加,必然增大地基中的应力和变形。对建筑在松软地基上的桥台,尤应特别注意。
- 桥台附近的路基不坚固,地表排水不畅,雨水渗入路基,从而导致桥台压力过大,桥台已经发生后仰和前移。

注意事项:

拱桥是以承受轴向压力为主的拱圈或拱肋作为主要承重构件的桥梁:

- 拱圈(拱肋)及其支座组成拱结构;
- 村庄拱桥一般都是用砖、石、混凝土等材料建造的;
- 拱桥的基本结构形式分为板拱、肋拱、双曲拱、箱形拱、桁架拱;
- 拱圈分为无铰拱、双铰拱、三铰拱:
  (1) 无铰拱的拱圈两端固结于桥台,结构最为刚度,变形小,结构简单,施工方便,比有铰拱的桥要经济些,但是无铰拱桥要求有坚实的地基基础;
  (2) 双铰拱是在拱圈两端设置可转动的铰支承,虽然双铰拱桥的结构不如无铰拱桥刚度,但是,它可减弱桥台位移等因素的不利影响,在地基条件较差的地方,应采用双铰拱桥;
  (3) 三铰拱则是在双铰拱的拱顶再增设一铰,结构的刚度更差些,拱顶铰的构造和维护也较复杂,一般不宜做主拱圈(图 6-4)。

梁桥

梁桥结构简单,外形平直,把木头或石梁架设在沟谷河流的两岸,就成了梁桥。现代小型和中型梁桥上部结构一般使用钢筋混凝土桥面板、预应力混凝土结构、钢筋混凝土结构,而大型梁桥则使用钢结构和钢梁的组合结构。钢筋混凝土桥面板梁桥在村庄内部桥梁中所占的比例最大(图 6-5)。

6 村庄内部桥梁

图6-4 拱桥结构

图6-5 梁桥结构

检查：

检查梁桥的桥墩、桥台基础、桥墩和桥台的位移，特别注意村庄中比较普遍存在的小跨度简支板式梁桥的桥墩和桥台基础：

- 简支梁桥桥墩和桥台的基础是否坚固；
- 简支梁桥桥墩和桥台是否位移或倾斜；
- 观察桥面是否有断裂。

注意事项：

- 梁桥是以受弯为主的主梁作为承重构件的桥梁；
- 桥基承受由上部结构及墩、台所传递的全部荷载，并将荷载传递至地基，所以，简支梁桥桥墩和桥台的基础不坚固，桥梁将会断裂；
- 桥墩是连接相邻桥跨的建筑物，桥台是修建在桥梁两端连接路堤与桥跨的结构，它们都是支承上部结构并将结构恒载和车辆荷载传递给基础的结构，桥台还起到抵御路堤土压力的作用；
- 简支梁桥的支座支承上部结构并传递荷载于桥桥墩和桥台上，保证上部结构在荷载、温度变化作用下所预计的位移功能；
- 简支梁桥的上部结构包括承重结构和桥面系，它的作用是承受车辆荷载，并通过支座将荷载传给桥墩和桥台；
- 村庄小跨度梁桥的主梁通常采用构造简单，制造、架设和维修均较方便的实腹梁；原木做成的木梁桥和用石材做成的石板桥是实腹梁桥的最早形式。由于天然材料本身的尺寸和性能等原因，木桥和石板桥现在只用作小跨人行桥，而不能承载机动车辆；
- 按照主梁的静力体系，分为简支梁桥、连续梁桥和悬臂梁桥：
  （1）简支梁桥的主梁以孔为单元，由上部结构、支座系统、桥墩、桥台和墩台基础等组成，是静定结构，一般用于农村中、小跨度梁桥；
  （2）连续梁桥的主梁由若干孔组成一联，连续支承在几个支座上，是超静定结构，适合用悬臂拼装或悬臂灌筑、纵向拖拉或顶推法施工；
  （3）悬臂梁桥的上部结构由锚固孔、悬臂和悬挂孔组成，悬挂孔支承在悬臂上，用铰相连；有单悬臂梁桥和双悬臂梁桥；单悬臂梁桥三跨构成，中跨较大，以满足通航要求。

悬吊桥

以承受拉力的缆索或链索作为主要承重构件的桥梁，桥面支承在悬索上(图6-6)。

检查：
- 悬索在承受使用最高峰期间的变形状况，因为悬索是主要的承重构件，它的大位移的力学特征可能影响整个体系的受力分配和变形；

图6-6 悬吊桥结构

- 索塔的变形状况，索塔是抵抗竖向荷载的主要承重结构，应当可以把外荷载对索塔产生的弯曲内力减小，保持塔形不变；
- 桥面状况，包括基本的安全保障设施。

注意事项
- 悬吊桥由悬索、索塔、加劲梁、锚碇、吊索、桥面等部分组成；

- 悬吊桥的主要承重构件是悬索，它主要承受拉力，一般用抗拉强度高的钢材（钢丝、钢绞线、钢缆等）制作；
- 悬索、索塔承受结构自重，加劲梁受力因设计不同有所差异；
- 悬吊桥的刚度小，在荷载作用下容易产生较大的挠度和振动；
- 桥面系的刚度大小，悬吊桥可分为柔性悬吊桥和刚性悬吊桥。
  (1) 柔性悬吊桥的桥面系一般不设加劲梁，因而刚度较小，在车辆荷载作用下，桥面将随悬索形状的改变而产生S形的变形，不利行车；
  (2) 刚性悬吊桥的桥面用加劲梁加强，刚度较大。加劲梁能同桥梁整体结构承受竖向荷载。除以上形式外，为增强悬吊桥刚度，还可采用双链式悬吊桥和斜吊杆式悬吊桥等形式，但构造较复杂；
  (3) 传统的仅供人和畜行走使用的悬吊桥常把桥面直接铺在悬索上；
  (4) 现代悬吊桥把桥面用吊索挂在悬索上，保持桥面具有一定的平直度；现代悬吊桥一般均设有刚性梁，桥面铺在刚性梁上，刚性梁吊在悬索上，避免在车辆驶过时，桥面随着悬索一起变形。

6.1.2 村庄内部桥梁的加固

道路-50 村庄内部桥梁加固技术

适用地区：村庄内部道路体系中有桥梁的村庄，特别是南方水网地区村庄。

定义和目的：
- 对现存桥梁的改造及修缮病害桥梁的技术措施。
- 提高村庄内部桥梁的安全稳定和承载力。

标准与做法：桥梁加固的一般措施有：

- 针对整个结构的，如体外预应力，改变了结构的应力状态，使其回到原来的设计状态或者适应新的承载要求；
- 针对桥梁截面的，通过提高截面某一方面的承载力强度，如抗剪强度，达到改善整个结构的承载水平。
- 桥梁加固通常分为上部结构加固和下部结构加固两类：

  (1) 桥梁上部结构加固

  1) 桥面补强层　在梁顶上加铺一层钢筋混凝土层。一般做法是，先凿除旧桥面，使其与原有主梁形成整体，达到增大主梁有效高度、改善桥梁荷载横向分布能力，从而达到提高桥梁的承载能力的目的。

  2) 增大截面和配筋　当梁的强度、刚度、稳定性和抗裂性能不足时，采用增大构件截面、增大配筋、提高配筋率。一般做法是，在梁底面或侧面加大尺寸、增配主筋、增加梁的有效高度和抗弯强度，从而提高桥梁的承载力。这种做法广泛应用于拱桥及拱桥拱肋的加固。

  3) 锚喷混凝土　使用高速喷射机械，将新混凝土混合料连续地喷射到已锚固好钢筋网上，凝结硬化面形成钢筋混凝土构造，从而增大桥梁的承载能力，加强桥梁结构的整体性，使其能承受更大的荷载。

  4) 粘贴钢板　当主梁出现承载力不足或出现严重腐蚀的情况时，梁板桥的主梁会出现严重的横向裂缝。采用胶粘剂及锚栓，将钢板粘贴锚固在混凝土结构的受力缘或薄弱部位，增加结构的整体性，提高主梁承载力。

  5) 增设纵梁　在墩台地基性能好，并具有足够承载力的条件下，可以采用增设承载力高和刚度大的新纵梁，新梁与旧梁相连接，增加受力强度。这样，原有梁所受荷载减少，而加固后的桥梁承载力和刚度相应提高，甚至，当增设的纵梁位于主梁的一侧或者两侧时，实际扩宽了桥梁。

  6) 拱圈增设套拱　紧贴原拱圈底面，浇筑或锚喷混凝土新拱圈，提高桥梁承载力。

(2) 桥梁下部结构加固

1) 扩大基础　墩台是砖石或混凝土刚性实体，而基础承载力不足或埋深太浅，可以扩大基础底面积，达到加固的目的。
2) 增补桩基　当桥梁墩台基底处于软卧层，墩台已经发生沉陷时，可以在桩式基础的周围，补加钻孔桩，提高基础的承载力，增强基础的稳定性。
3) 修筑钢筋混凝土套箍　当桥梁墩台由于基础埋深不够，或施工质量存在问题，都有可能导致墩台开裂，甚至贯通性裂缝，于是，可以采用钢筋混凝土围或护套加固。
4) 桥台辅助挡土墙　因桥台台背水平土压力过大，引起桥台倾斜时，在桥台台背后建筑挡土墙，以抵御增大的土压力。
5) 墩台拓宽加固　利用旧桥基础，在墩台盖梁上挑出悬臂加宽部分，安装上部结构，墩台和基础不做加固。

(3) 混凝土桥梁的加固方法主要有：

1) 结构性加固，如采用体外预应力、在结构的受拉部位上粘贴钢板或增设钢结构支撑，或使用碳纤维复合材料取代钢板，达到加固的效果。
2) 非结构性加固，如对裂缝进行封闭或压浆处理，即按一定比例配制的水泥浆、水泥(砂)浆、环氧树脂浆、环氧树脂(砂)浆，通过喷浆机按一定压力灌入结构物缝隙内，起到填塞裂缝、避免钢筋锈蚀并提高结构整体强度的作用。一般来说，水泥(砂)浆用于石砌墩、台和拱圈裂缝，由裂缝的大小来决定灌浆中是否掺砂。环氧树脂浆一般用于钢筋混凝土结构物，易灌满，粘结性好；环氧树脂砂浆多用于桥面裂缝。

注意事项：

- 梁式桥和拱桥发生问题和修缮的方式有差异：
  (1) 梁桥　上部结构和构造缺陷一般会导致梁式桥发生问题，而在对梁式桥进行加固时，改造结构的空间很小，减少静重的可能性也不大。所以，加固梁式桥的结构时，通常采用预应力增补，也可以利用结构的空间作用来卸载梁。

(2) 拱桥　基础变形通常导致拱桥发生问题。因为推力对拱桥的结构合理性和内力的削减起作用，而基础的变形总是朝向推力减弱方向发生的，但是，采用预应力处理拱桥结构很困难，所以，拱桥加固可以寻求减轻静中的办法。

- 加固桥梁就是减少内力、增大断面或应用加固材料，恢复桥梁原有承载力或提高原有承载力。当然，加固桥梁并非易事。

    (1) 加固旧桥受到原有桥梁结构的约束，新老结构结合十分困难；

    (2) 旧桥一般都存在一定程度的危险性，特别是没有旧桥的设计资料和施工纪录，所以，内部结构不清，当前受力变化很大，难以确定其结构的极限；

    (3) 加固村庄里的桥梁需要封闭道路，一般比较扰民；

    (4) 桥梁加固技术要求很高，需要专业人员的主持，雇用专业的工程队；

    (5) 村庄一般乐于推倒建新。但是，建新桥的投入要比修缮大许多。所以，我们需要慎重行事。

随着农村经济的发展和人民生活条件的改善，大部分村庄的内部交通量逐年增大，桥梁载重等级也发生巨大变化；过去建桥注重节省材料，设计的安全等级低，特别是双曲拱，桥梁年久老化，特别是砖拱桥；有些近年修建起来的桥梁设计不当，或者施工质量差，同样存在对桥梁实施加固的问题。

总之，桥梁的加固与桥梁的设计一样，除了应满足设计规范、经济合理、结构安全的原则外，还必须按照技术程序和步骤办事。所以，我们需要得到政府有关部门的指导和桥梁专业队伍的技术支持。

6.2 村庄内部桥梁的维修养护

6.2.1 村庄内部桥梁的检查评估

道路-51 村庄内部桥梁技术状况评价

适用地区：村庄内部道路体系中有桥梁的村庄，特别是南方水网地区村庄。

定义和目的：
- 对正常运营状态下的村庄内部桥梁技术状况做出鉴定。
- 为制定村庄内部桥梁正常运营状态下的实施保护性和预防性措施提供科学依据。

标准检查项目：
- 一般结构检查：
  (1) 梁端头、底面是否清洁；
  (2) 混凝土有无裂缝、挂白、表面风化、剥落、露筋和钢筋锈蚀，有无活性骨料，硅碱反应引起的整体龟裂现象；
  (3) 预应力钢束锚固区段混凝土有无开裂，沿预应力筋的混凝土表面有无纵向裂缝，有无严重碳化。
- 梁桥检查：
  (1) 梁(板)跨中、支点、变截面处；
  (2) 装配式梁桥的连接部位和缺损状况；
  (3) 组合梁的桥面板与梁的结合部位，以及桥面板之间的接头处混凝土有无开裂、渗水；
  (4) 梁(板)接缝、跨中、支点、中间铰缝部混凝土有无开裂和钢筋锈蚀；横向连接构件有无开裂，连接钢板的焊缝有无锈蚀、断裂、边梁有无横移或外倾斜等内容。
- 拱桥检查：
  (1) 拱圈的拱板或拱肋在拱顶和拱脚部位是否开裂；

(2) 钢筋混凝土主拱有无混凝土胀裂、露筋锈蚀等缺损状况;
(3) 圬工拱桥砌块有无压碎,局部掉块,砌缝有无脱离或脱落、渗水,拱铰工作是否正常;
(4) 拱的侧墙与主拱圈间有无脱裂,侧墙有无鼓突变形、开裂,实腹拱拱上填料有无沉陷;
(5) 双曲拱桥应注意检查拱肋间横向联结拉杆是否松动或断裂;
(6) 拱波与拱肋结合处是否开裂、脱开;
(7) 拱波之间砂浆是否松散脱落,拱波顶部是否开裂、渗水。

- 桥面系构造检查:
  (1) 桥面铺装纵横坡变形状况;
  (2) 有无严重的裂缝(龟裂、纵横裂缝)、坑槽、波浪、桥头跳车、防水层漏水和桥头跳车;
  (3) 伸缩缝两侧桥面铺装的损坏;
  (4) 伸缩缝的橡胶条的异常变形、破损、脱落、漏水、明显的跳;
  (5) 伸缩缝的锚固构件是否松动及两侧固定型钢有无损坏;
  (6) 行车时伸缩缝的异常声音;
  (7) 栏杆和护栏有无撞坏、断裂、错位、缺件、剥落、锈蚀;
  (8) 桥面铺装结构处是否有渗漏;
  (9) 桥面排水是否顺畅;
  (10) 泄水管是否完好、畅通,桥头排水沟功能是否完好。

- 支座检查:
  (1) 支座是否完好,组件是否完整、清洁、有无断裂、错位和脱空;
  (2) 活动支座是否灵活,实际位移量是否正常;
  (3) 固定支座的锚销是否完好;
  (4) 油毛毡支座是否老化、破裂或失效,垫层厚度是否满足位移要求；
　(5) 四氟板支座是否脏污、老化；
　(6) 橡胶块是否滑出钢板。
- 墩台和基础检查：
　(1) 墩台和基础是否有滑动、倾斜、下沉或冻拔；
　(2) 台背填土有无沉降裂缝或积压隆起；
　(3) 混凝土墩台及盖梁有无冻胀、风化、腐蚀、开裂、剥落、露筋；
　(4) 石砌墩台有无砌块断裂、通缝脱开、变形；砌体泄水孔是否堵塞，防水层是否损坏；
　(5) 基础下是否发生不可许可的冲刷或掏空；
　(6) 扩大基础的地基有无侵蚀；
　(7) 桩基顶段落在水位涨落、干湿交替变化处有无冲刷磨损、颈缩、露筋，有无环状冻裂，有无受到污水、咸水或生物的腐蚀。

注意事项：
- 桥梁的加固和维修养护功能不同。桥梁维修和养护是桥梁保持正常运营状态下的保护性和预防性的工作，而加固却是从承载受力的角度来解决比较严重的桥梁问题。
- 作为桥梁的日常使用者，我们既有义务关心自己村里桥梁的状况，也比较容易做出观察。实际上，经常性地维修和养护，可以节约更多的加固资金。
- 保护和预防村庄内部桥梁可能发生的病害，要求我们：
　(1) 客观评价桥梁的技术状况；
　(2) 全面了解桥梁的日常使用状况；
　(3) 对桥梁的技术状况及其缺陷进行现场检查，及时维修养护。
- 桥梁问题比较复杂，在发现上述问题后，通知政府有关部门。他们会安排专业技术人员人员到现场进行评估。专业技术人员通过采集各类桥梁数据，评定桥梁使用性能，确定桥梁维修、加固或更换的先后顺序。

- 评价桥梁状况包括三个方面，结构或构件的损坏状况、使用状况和功能改善：
  (1) 依据检查技术资料，从损坏形式和程度、损坏可能发展变化趋势和损坏可能产生的后果等3个方面评定；
  (2) 在主要考虑损坏状况评定结果，同时也兼顾结构构件的功能、范围、价值及美观等方面评定桥梁使用状况；
  (3) 通过改进工作的技术经济分析以及桥梁载重能力的提高，来说明桥梁的功能改善。

6.2.2 村庄内部桥梁的维修养护

道路-52 村庄内部桥梁的维修养护技术

适用地区：村庄内部道路体系中有桥梁的村庄，特别是南方水网地区村庄。

定义和目的：
- 对村庄内部桥梁实施维修养护的技术措施。
- 保持村庄内部桥梁的正常运营状态，保证使用者的安全，延长桥梁寿命。

标准与做法：
- 石拱桥 石拱桥多修建于20世纪50～60年代，经过半个世纪的使用，病害很多。但是，石拱桥的负荷潜力较大，适当加固维修，可继续发挥作用。在石拱桥养护中：
  (1) 浆缝脱落应及时修补；
  (2) 石料有风化脱落，可喷刷一层13cm厚M10号以上的水泥砂浆，喷浆分2～3层喷注，可以加一层钢丝网；
  (3) 干砌圬工拱桥的主要受力部位用砂浆勾缝，以有无裂缝来确定桥梁有无变形迹象，以便根据具体情况作必要的维修或加固；
  (4) 采取加固措施解决石拱桥的纵向裂缝，如采用在跨中1/4处和拱脚附近各设一道横向钢板加固，或在上述位置加设五道横向预应力拉杆，以防止裂缝发展；

(5) 可喷射高强度等级水泥砂浆维修拱圈损坏，或在洞内套砌加厚拱圈；在加厚拱圈时，应同时考虑墩受力是否安全可靠等因素；
(6) 当多孔石拱桥需要全部加厚拱圈时，应对称地同时拆除拱上填料，以保持连拱作用的均匀受力；
(7) 必须拆除外移的石拱桥侧墙，重砌侧墙；
(8) 把旧式栏杆改造成钢筋混凝土防撞栏，栏杆根部是一条贯通全桥的钢筋混凝土梁，侧墙顶这两条梁视桥长度设几道横向梁加以连贯，增强石拱桥的整体稳定性。
- 双曲拱桥　双曲拱桥多建于 20 世纪 60～70 年代。双曲拱桥的腹拱通常遭到破坏，以至发生墩台位移，拱圈下沉或裂缝，空腹小拱干裂或立柱严重裂缝：
  (1) 采取调整拱上自动布置的方法，来改善拱圈受力状况，从而解决双曲拱桥的拱轴线变形问题；
  (2) 加设横向连接系和加固原有的结构件，解决双曲桥因横向连接系不够或强度不足的横向失稳；
  (3) 通过疏通排水和填土中的积水，解决双曲拱桥侧墙外移的状况；
  (4) 桥梁侧墙外移可能源于桥面逐年修补，不断增加桥面厚度，加重桥自重；
  (5) 如果要拆除拱腹填料，应对称地同时进行，采取浅挖和层挖，不能局部深挖，更不能一车道开挖，而另一车道让其单向通车，这将损坏桥拱。
- 钢筋混凝土桥
  (1) 注意养护与加固钢筋混凝土构件受拉区的裂缝。可涂刷环氧树脂或水玻璃，保证构件的钢筋不与大气接触；
  (2) 当裂缝大于 0.4～0.5mm 时，应将裂缝凿开，刷净缝隙的混凝土松动碎块和细粉，然后立模补以环氧树脂砂浆或高强度等级水泥砂浆；
  (3) 可采用小石子混凝土补强体积较大裂缝；
  (4) 采取加固或更换构件的办法解决裂缝严重问题；

(5) 清除钢筋的锈迹，把松动的保护层凿去，用环氧树脂砂浆修补钢筋混凝土构件的露筋、剥落部位；

(6) 立模重新浇筑混凝土，或喷注高强度等级水泥砂浆，以解决损坏面积过大的问题。

- 桥梁支座

(1) 要经常扫除支座各部分，保证梁跨自由伸缩；

(2) 定期在滚动支座滚动面上涂一层润滑油；

(3) 在支座各部分涂刷油漆以防锈；

(4) 支座面板要平整紧密；及时拧紧接合螺栓；

(5) 更换失效的油毛毡支座；

(6) 有脱皮露筋或异常现象的摆柱式支座，需要更换；

(7) 清除橡胶支座上的污水；排除墩台帽积水；

(8) 防止橡胶支座因老化、变质而失去梁的自由伸缩作用。

- 墩台及基础

(1) 小型桥（涵）上下游各80m内禁止采砂石、挖掘、爆破等；

(2) 随时疏浚河床及上下游的漂浮、沉积物，以使水流顺利排泄；

(3) 墩台表面必须保持清洁；

(4) 要及时清除青苔、杂草污秽物；

(5) 重新给雨水侵蚀而发生灰缝脱落的圬工砌体勾缝；

(6) 更换混凝土表面发生侵蚀剥落、蜂窝麻面等病害时，应及时清理，用高强度等级水泥砂浆抹平；

(7) 用石料或混凝土预制补砌，要求结合牢固，色泽和质地与原砌体基本一致；

(8) 没有流水坡、坡面不平或有裂缝的梁式桥墩台顶面时，应及时铺填水泥砂浆或混凝土，做成横向坡度以利排水。

- 桥面

(1) 及时打扫和排除桥面的积水、淤泥、污物，要保持清洁、干净；

(2) 及时修复桥面防水层;
(3) 桥面铺装出现表面碎裂和税皮现象应将破损部分凿成方形及时修复,损坏面积较大者,在桥梁负荷能力允许的前提下,可加铺一层 2~3cm 的沥青混凝土;
(4) 及时疏通桥面的排水管和排水槽要,避免桥面水顺侧墙、腹板流泻;
(5) 经常保持缘石完好,及时修整或更换缘石;
(6) 及时清扫伸缩缝和缝内的石子及杂物,保持其伸缩性;
(7) 及时维修、加固松动和脱落的伸缩缝;
(8) 台背填土压实度达不到要求或是混凝土路面施工时,在桥头处没有设胀缝而引起;
(9) 桥头踏板下沉、造成桥头跳车。

注意事项:

对村庄内部桥梁进行经常性、规范性的养护是减少桥梁病害最有效的方法。

附录 技术列表

技术编号	技术名称	适用地区	备注
道路-1	内部道路系统的功能划分	所有村庄	村庄内部道路不同于乡村公路
道路-2	道路一般功能划分	所有村庄	每条道路本身需要作出功能划分
道路-3	主要道路设计	所有村庄	主要道路的宽度控制在8m以内
道路-4	次要道路设计	所有村庄	次要道路的宽度控制在5m以内
道路-5	宅间道路设计	所有村庄	宅间道路的宽度控制在3m以内
道路-6	道路规划布局设计	所有村庄	棋盘与层次式布局相结合
道路-7	道路节点设计	所有村庄	减少不同等级道路的衔接
道路-8	道路退红设计	所有村庄	道路退红至关重要
道路-9	道路横断面设计	所有村庄	因地制宜
道路-10	道路路基设计	所有村庄	因地制宜
道路-11	道路路基施工技术	所有村庄	因地制宜
道路-12	路基修复技术	所有村庄	因地制宜
道路-13	道路路基修复施工技术	所有村庄	因地制宜
道路-14	道路路基维护技术	所有村庄	种类纷繁，因地制宜
道路-15	道路路基排水系统修筑技术	4类地区	地面和地下
道路-16	道路路基边坡整治技术	出现险情	以消除地质灾害为目标
道路-17	挡土墙修筑技术	依山的道路	以消除地质灾害为目标
道路-18	路面修复技术	所有村庄	治旧如新

续表

技术编号	技术名称	适用地区	备 注
道路-19	测定水泥混凝土路面损坏程度技术	使用水泥混凝土铺装的路面的村庄	找准原因
道路-20	修补面层技术	使用水泥混凝土铺装路面的村庄	消除损坏原因
道路-21	加铺层技术	使用水泥混凝土铺装路面的村庄	治旧如新
道路-22	沥青铺装路面整治技术	使用沥青铺装路面的村庄	治旧如新
道路-23	沥青铺装路面施工监控技术	使用沥青铺装路面的村庄	
道路-24	块石或碎（砾）石铺装技术	干旱地区，且当地拥有砂石的村庄	
道路-25	浆砌和干砌技术	所有具有石料资源的村庄	
道路-26	碎石铺筑技术	所有具有石料资源的村庄	因地制宜
道路-27	砖路面铺筑技术	需要补充地下水的地区	
道路-28	预制水泥混凝土块路面铺筑技术	所有村庄	
道路-29	现浇水泥混凝土块路面铺筑技术	所有村庄	配比
道路-30	拼合路面铺筑技术	暂时没有编制乡村建设规划，开始建设道路，而上下水管道工程尚无计划的村庄	因地制宜
道路-31	铺设路缘及道牙技术	所有村庄	因地制宜
道路-32	石料路面铺筑技术	道路排水条件不佳，且当地拥有石材的村庄	增加渗水
道路-33	砂石路面铺筑技术	干旱地区且当地拥有砂材的村庄	增加渗水
道路-34	草皮路面铺筑技术	所有没有干旱到寸草不生的村庄	
道路-35	土质路面改造技术	集体经济薄弱的村庄	配比
道路-36	人行道修筑技术	所有村庄	

续表

技术编号	技术名称	适用地区	备注
道路-37	纵横坡和设施修筑技术	所有村庄	
道路-38	道路照明设计	所有村庄	
道路-39	道路照明改善技术	所有村庄	
道路-40	道路生态系统修复技术	所有村庄	从物种社区的完整性出发
道路-41	道路绿化选种技术	所有村庄	地方物种优先
道路-42	道路横断面绿化布局	所有村庄	安全第一
道路-43	阻断的生态食物链修复技术	所有村庄	从物种社区的完整性出发
道路-44	道路节点交通安全设计技术	地处公路要道的中心村，有市场型交叉口的村庄，有交易市场或村民聚会场存在的交叉路口	
道路-45	改善交通节点的安全设施的技术	所有村庄	安全第一
道路-46	路侧和路面安全设计	所有村庄	安全第一
道路-47	路面防滑技术	所有村庄	因地制宜
道路-48	消除交通盲点技术	所有村庄	因地制宜
道路-49	村庄内部桥梁损坏测定	村庄内部道路体系中有桥梁的村庄，特别是南方水网地区村庄	查出原因
道路-50	村庄内部桥梁加固技术	村庄内部道路体系中有桥梁的村庄，特别是南方水网地区村庄	因桥类而异
道路-51	村庄内部桥梁技术状况评价	村庄内部道路体系中有桥梁的村庄，特别是南方水网地区村庄	查出原因
道路-52	村庄内部桥梁的维修养护技术	村庄内部道路体系中有桥梁的村庄，特别是南方水网地区村庄	经常性、规范性的养护

参 考 文 献

[1] 中华人民共和国国家标准. 村庄整治技术规范(GB 50445—2008). 北京：中国建筑工业出版社，2009
[2] 何勇等. 道路交通安全技术. 北京：人民交通出版社，2007
[3] 兰德尔·阿兰特等著. 叶齐茂译. 乡村设计. 北京：中国建筑工业出版社，2009
[4] 恩内科·克里等著. 叶齐茂译. 社区规划. 北京：中国建筑工业出版社，2009